文部科学省後援
実用フランス語技能検定試験

2016年度版 4 級
仏検公式ガイドブック
傾向と対策＋実施問題

フランス語教育振興協会編

公益財団法人　フランス語教育振興協会

まえがき

　グローバル化の 21 世紀といわれますが、世界から孤立せず、世界と対話し、平和で豊かな未来を切り拓くためには、今こそ多くの日本人がさまざまな外国語をマスターしていくことが大切です。多言語・多文化の世界でお互いを尊重しながら共生を目指すことが要請される現代において、英語一辺倒の方針では限界があるのは明らかでしょう。

　その中でもフランス語は、フランスだけでなく、多数の国々や地域で話され、また、国連をはじめとする国際機関で使われている重要な公用語のひとつです。さらに、フランス語は、人類にとって普遍的な価値や独創的な文化を担ってきた言語でもあります。2020 年には東京でオリンピック・パラリンピックが開催されますが、フランス語は第一公用語です。開会式では、開催国の言語のほか英語とフランス語で出場国が紹介されますが、その際、最初に流れるのはフランス語なのです。また東京オリンピックには、フランス語圏から多くの選手や関係者それに観光客が訪れることになります。これを機会にフランス語を勉強し、フランス語でコミュニケーションを試みてみましょう。かならずや多くの貴重な体験が得られるはずです。

　今日、フランスの企業が次々に日本に進出してくる一方、日本の企業もフランス語圏に広く展開しています。トヨタやユニクロ、無印良品のフランス進出、日産とルノーの提携などはその典型的な例です。いまや英語はあたりまえとされるビジネスの世界で、さらにフランス語も使いこなせるとなれば、チャンスがさらに広がることはまちがいないでしょう。フランス語をマスターしてアフリカ諸国で国際協力、援助活動に従事している人々も少なくありません。また、フランス語を学び使いこなせるようになることは、自分の人生をより豊かに生きる道につながっています。

　日本の学習者を対象とし、文部科学省とフランス大使館文化部の後援を受けて、1981 年以来実施されている「仏検」は、フランス語を聞き・話し・読み・書く能力をバランスよく客観的に評価する検定試験として、ますます高い評価を受けています。1 級・準 1 級・2 級・準 2 級・3 級・4 級・5 級の 7 段階を合わせて毎年約 3 万人が受験しています。また、大学の単位認定や編入学試験、大学院入試等に利用されるケースも多くなっています（多数の学生が受験している学校のリストが巻末にありますので、ご参照くださ

い）。

　本書は、4 級の傾向と対策を解説した第 1 部と、2015 年度春季・秋季に実施した仏検の問題、およびそれにくわしくていねいな解説・解答を付した第 2 部とから成る公式ガイドブックです。聞き取り試験の CD が付いています。本書をフランス語の実力アップと仏検合格のために、どうぞご活用ください。

　なお、本書全体の監修ならびに第 1 部の執筆は中村敦子が担当し、第 2 部の執筆は北村卓が担当しています。

　2016 年 3 月

　　　　　　　　　　　　　　　公益財団法人　フランス語教育振興協会

目　　次

まえがき ……………………………………………………………………………… 3
実用フランス語技能検定試験実施要領 ………………………………………… 6
2015 年度仏検受験状況 …………………………………………………………… 8
4 級の内容と程度 …………………………………………………………………… 9
解答用紙（雛形）…………………………………………………………………… 10

第 1 部　4 級の傾向と対策 ……………………………………………………… 11

第 2 部　2015 年度　問題と解説・解答 ……………………………………… 119
　　　　2015 年度　春季出題内容のあらまし …………………………… 120
　　　　　　筆記試験・聞き取り試験 ……………………………………… 121
　　　　　　総評 ………………………………………………………………… 135
　　　　　　解説・解答 ……………………………………………………… 137
　　　　2015 年度　秋季出題内容のあらまし …………………………… 159
　　　　　　筆記試験・聞き取り試験 ……………………………………… 161
　　　　　　総評 ………………………………………………………………… 175
　　　　　　解説・解答 ……………………………………………………… 177

学校別受験者数一覧 …………………………………………………………… 197

実用フランス語技能検定試験　実施要領

　実用フランス語技能検定試験（仏検）は、年2回、春季（1次試験6月・2次試験7月）と秋季（1次試験11月・2次試験1月）に実施しております。ただし、1級は春季のみ、準1級は秋季のみの実施です。
　2次試験は1級・準1級・2級・準2級の1次試験合格者が対象です。なお、隣り合う2つの級まで併願が可能です。
　また、出願の受付期間は、通常、春季は4月から5月中旬、秋季は9月から10月中旬です。

◆**各級の内容**

1級 (春季のみ)	《1次》	筆記試験（記述式・客観形式併用）120分 書き取り・聞き取り試験　約40分
	《2次》	面接試験　約9分
準1級 (秋季のみ)	《1次》	筆記試験（記述式・客観形式併用）100分 書き取り・聞き取り試験　約35分
	《2次》	面接試験　約7分
2級	《1次》	筆記試験（記述式・客観形式併用）90分 書き取り・聞き取り試験　約35分
	《2次》	面接試験　約5分
準2級	《1次》	筆記試験（記述式・客観形式併用）75分 書き取り・聞き取り試験　約25分
	《2次》	面接試験　約5分
3級		筆記試験（客観形式・記述式）60分 聞き取り試験　約15分
4級		筆記試験（客観形式）45分 聞き取り試験　約15分
5級		筆記試験（客観形式）30分 聞き取り試験　約15分

◆**受験地**（2015年度秋季）

　1次試験　　札幌、弘前、盛岡、仙台、秋田、福島、水戸、宇都宮、群馬、草加、千葉、東京、横浜、新潟、金沢、甲府、松本、岐阜、静岡、三島、名古屋、京都、大阪、西宮、奈良、鳥取、松江、

　　　　　　　　岡山、広島、高松、松山、福岡、長崎、熊本、別府、宮崎、
　　　　　　　　鹿児島、西原町（沖縄県）、パリ
　　2 次試験　　札幌、盛岡、仙台、群馬、東京、新潟、金沢、静岡、名古屋、
　　　　　　　　京都、大阪、松江、岡山、広島、高松、福岡、長崎、熊本、
　　　　　　　　西原町、パリ
　　＊上記の受験地は、季ごとに変更となる可能性があります。また、会場に
　　　よって実施される級がことなる場合がありますので、くわしくは、最新
　　　の仏検受験要項・願書または APEF のホームページをご覧ください。
　　＊最終的な受験地・試験会場の詳細は、受験票の記載をご確認ください。
◆出願方法　下記の 2 つの方法からお選びください
　1．インターネット申込：詳細は APEF のホームページをご覧ください。
　2．郵送申込：受験要項・願書を入手→検定料納入→願書提出、の順でお
　　手続きください。
　　　＊全国の仏検特約書店・大学生協では願書・要項を配布、あわせて検
　　　　定料の納入を受けつけております。
　　　＊願書・要項は仏検事務局へ電話・E-mail 等で請求なさるか、APEF
　　　　ホームページよりダウンロードして入手してください。
◆合否の判定とその通知
　級によりことなりますが、60〜70％の得点率を目安に出題するように努め
ています。各級の合格基準は、審査委員会がさまざまな条件を総合的に判断
して決定しています。
　結果通知には合否のほか、合格基準点、合格率とご本人の得点が記載されます。
◆お問い合わせ先

公益財団法人　フランス語教育振興協会　仏検事務局

〒102-0073　東京都千代田区九段北 1-8-1　九段 101 ビル
　　　（TEL）03-3230-1603　（FAX）03-3239-3157
　　　　　　（E-mail）dapf@apefdapf.org
　　　　　　（URL）http://www.apefdapf.org

2015年度仏検受験状況

級（季）	出願者数	1次試験 受験者数	1次試験 合格者数	1次試験 合格率	1次試験免除者数	2次試験 受験者数	2次試験 合格者数	最終合格率
1級	752名	675名	85名	12.6%	8名	93名	77名	11.3%
準1級	1,517名	1,259名	320名	25.4%	63名	361名	287名	22.1%
2級（春）	1,879名	1,612名	575名	35.7%	88名	630名	548名	32.9%
（秋）	2,001名	1,732名	618名	35.7%	60名	646名	548名	31.1%
準2級（春）	2,027名	1,697名	1,031名	60.8%	120名	1,106名	949名	53.6%
（秋）	2,218名	1,877名	1,173名	62.5%	98名	1,205名	1,039名	54.4%
3級（春）	3,105名	2,756名	1,816名	65.9%				
（秋）	3,347名	2,928名	1,750名	59.8%				
4級（春）	2,367名	2,113名	1,441名	68.2%				
（秋）	3,373名	3,052名	2,216名	72.6%				
5級（春）	1,704名	1,504名	1,271名	84.5%				
（秋）	2,623名	2,425名	2,144名	88.4%				

＊1級は春季のみ、準1級は秋季のみ

4級の内容と程度

程度
日常の基礎的なフランス語を理解し、読み、聞き、書くことができる。

標準学習時間：100時間（大学で週1回の授業なら2年間、週2回の授業なら1年間の学習に相当）。

試験内容

読む	基礎的な文の構成と文意の理解。基礎的な対話の理解。
聞く	基礎的な文の聞き分け、日常使われる基礎的な応答表現の理解、数の聞き取り。
文法知識	日常使われる基礎的な文を構成するのに必要な文法知識。動詞としては、直説法（現在、近接未来、近接過去、複合過去、半過去、単純未来）、命令法等。

語彙：約920語

試験形式
1次試験のみ（100点）

筆記	問題数8問、配点66点。試験時間45分。マークシート方式。
聞き取り	問題数4問、配点34点。試験時間15分。マークシート方式。

解答用紙（雛形）（55％縮小）

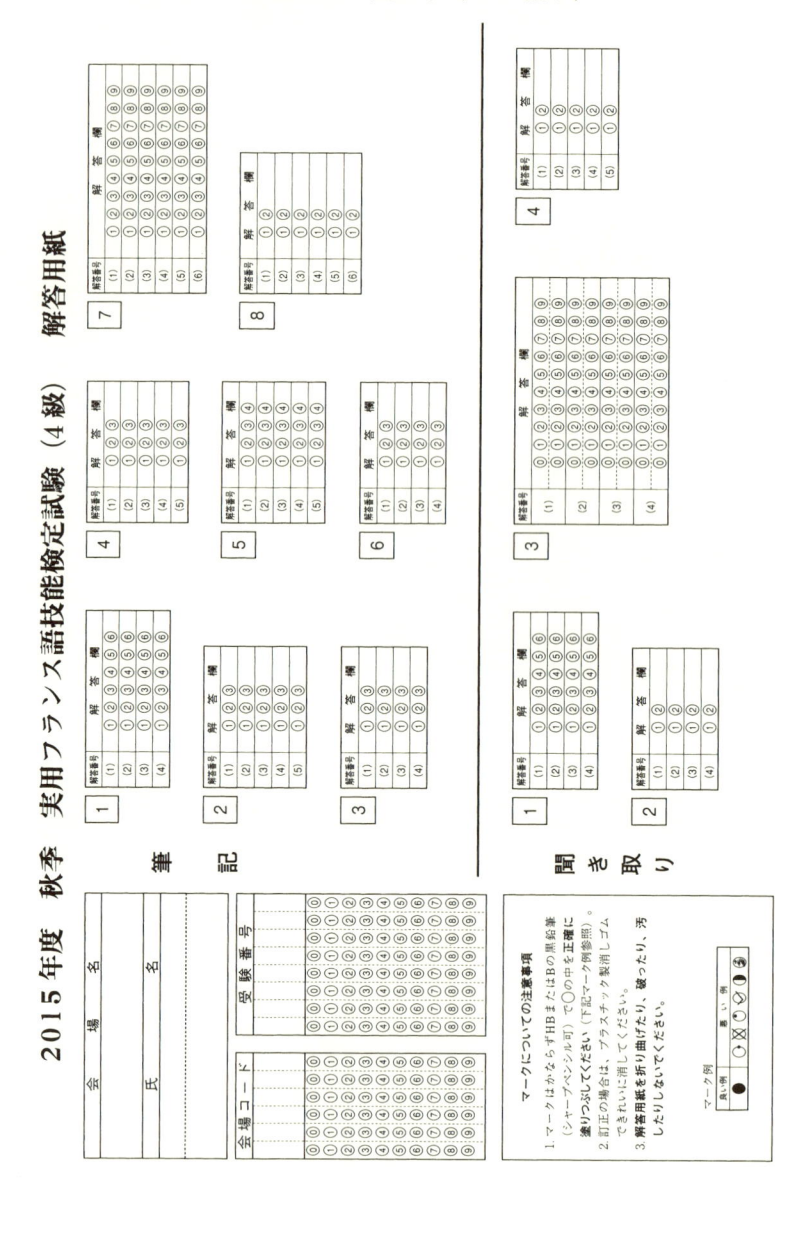

第1部
4級の傾向と対策

4級の傾向と対策

　4級では、合格の基準を「日常の基礎的なフランス語を理解し、読み、聞き、書くことができる」と定めています。書くといっても、4級では記述式の問題は出題されません。解答の方法は各問とも選択肢から番号を選ぶマークシート方式です（聞き取り試験2では、聞き取った数に対応する数字の番号を選択）。
　試験は筆記試験と聞き取り試験からなり、次のように構成されています。

　　筆記試験：8問／配点66点／試験時間45分
　　聞き取り試験：4問／配点34点／試験時間15分

　4級を受験するための目安とされている標準学習時間は100時間程度です。大学の授業に置きかえると、週2回の授業であれば1年間、週1回であれば2年間程度の学習時間に相当します。

　4級で出題される文法事項は、「日常使われる基礎的な文を構成するのに必要な文法知識」となっています。名詞を限定する**冠詞**（不定冠詞、定冠詞、部分冠詞）、**指示形容詞**、**所有形容詞**の形と基本的な用法だけでなく、名詞のかわりとなる代名詞の知識も必要となります。**人称代名詞**（**直接目的語**、**間接目的語**、**強勢形**）、**中性代名詞**および**指示代名詞**の使い分けや、基本的な**前置詞**の用法に慣れておきましょう。
　動詞の時制では**直説法**（**現在、近接未来、近接過去、複合過去、半過去、単純未来**）、**命令法**を中心とした活用形と用法が4級の範囲となります。

　「読む」力では、日常的な場面を伝える文を理解したり、短い会話文の内容を読み取る力が問われます。

　「聞く」力では、日常生活で使われる簡単なやりとりを聞き取ったり、平易な会話文の内容を聞き取る力がためされます。また5級と同じく数の聞き取りがあり、2桁の数が中心になります。

4級の傾向と対策

　4級では、5級に出題されない代名詞（筆記②）と前置詞（筆記⑥）の問題があり、動詞の時制と活用形の範囲も広くなります。また対話文を完成する問題（筆記③）では語彙力、表現力がためされます。とくに代名詞、前置詞の知識は、4級レベルをクリアするためのポイントの1つになります。

　語彙数は『仏検　公式基本語辞典3級・4級・5級』（フランス語教育振興協会編、朝日出版社）で選定されているように、5級レベルが550語、4級レベルではさらに370語が加わりますので、920語の語彙知識が求められています。本文中では『仏検公式基本語辞典』と表記し、ページ番号は初版第3刷（2015年）によります。

　以下に、筆記試験、聞き取り試験の順で、問題ごとの傾向と対策を解説します。練習問題は過去5年間に出題されたものから選んであります。実際の試験のつもりで解いてみましょう。解説と解答で答えを確認してください。
　2015年度春季および秋季の問題冊子と解説・解答は第2部に掲載されています。

発音の仮名表記については以下のようにしてあります。
1. 注意すべき個別の発音表記は、→　の右の [　] のとおりです。
　　[b] → [ブ]　　　　　[l] → [ル]　　　　　[ɔ̃] → [オン]
　　[v] → [ヴ]　　　　　[r] → [る]
2. リエゾンやアンシェヌマンがおきるところは下線が引かれています。
　　trois heures [trwɑzœːr トロワズーる]
　　douze heures [duzœːr ドゥズーる]

筆 記 試 験

1 4つの問題文の空欄に、最も適切な冠詞（不定冠詞、定冠詞、部分冠詞、否定の冠詞 de）、または〈前置詞＋定冠詞〉の縮約形を、6つある選択肢から選ぶ問題です。配点 8。

冠詞には**不定冠詞 (un / une / des)**、**定冠詞 (le / la / l' / les)**、**部分冠詞 (du / de la / de l')** があります。それぞれの基本的な用法を理解しておくことが必要です。冠詞の使い方をまとめておきます。

不定冠詞 (un / une / des)
・不特定のものを示す。
・話し手と聞き手の間で周知されていないものを示す。

定冠詞 (le / la / l' / les)
・特定されているものを示す。
・話し手と聞き手の両者に周知されているものを示す。
・ひとつしかないものを示す。
・あるものの種類全体を示す。

部分冠詞 (du / de la / de l')
・数えられないもののある量を示す。
・数えられるひとつのものの一部分を示す。
・とくに数えないもののある量を示す。

否定の冠詞 de
否定文では、次の A と B の 2 つの条件がそろうと冠詞は **de** になります。
　A. 肯定文の冠詞が**不定冠詞**または**部分冠詞**のとき。
　B. 冠詞が**直接目的語**として機能する名詞についているとき。
　＊〈il y a ~〉〈il reste ~〉の非人称構文もこの規則に準ずる。

〈前置詞＋定冠詞〉の縮約形

前置詞 **à** または **de** のあとに定冠詞 **le** あるいは **les** がくるとき、1つの単語に変換されます。

前置詞 **à** と定冠詞 **le / les** の縮約
*aller à ~：～へ行く

Il va **au** cinéma.　　　彼は映画館に行く。
　　(à le cinéma)
Il va à la gare.　　　　彼は駅に行く。

Il va à l'école.　　　　彼は学校に行く。

Il va **aux** toilettes.　彼はトイレに行く。
　　(à les toilettes)

前置詞 **de** と定冠詞 **le / les** の縮約
*près de ~：～の近くに

J'habite près **du** bureau.　　　私は会社の近くに住んでいる。
　　(près de le bureau)
J'habite près de la gare.　　　私は駅の近くに住んでいる。

J'habite près de l'école.　　　私は学校の近くに住んでいる。

J'habite près **des** magasins.　私は商店街の近くに住んでいる。
　　(près de les magasins)

15

2016年度版4級仏検公式ガイドブック

練習問題 1

次の(1)〜(4)の（　）内に入れるのに最も適切なものを、下の①〜⑥のなかから1つずつ選び、解答欄のその番号にマークしてください。ただし、同じものを複数回用いることはできません。なお、①〜⑥では、文頭にくるものも小文字にしてあります。

(1) C'est (　　) bel appartement.

(2) Il vient de rentrer (　　) États-Unis.

(3) Vous avez (　　) chance !

(4) (　　) parents de François ne sont pas là.

　　① à la　　　② de　　　③ de la
　　④ des　　　⑤ les　　　⑥ un　　　（14 秋）

解　説

(1) C'est (un) bel appartement.「これは立派なマンションです」となり、不定冠詞男性単数の un が入ります。

appartement は「マンション」のことです。appartement を修飾する形容詞 bel は beau「美しい」の男性第2形と呼ばれる形で、母音または無音の h で始まる男性名詞単数の前に置かれるとき用いる形です。appartement が男性名詞であることがわかります。男性名詞に用いることが可能な選択肢は不定冠詞 un しかありません。

この不定冠詞の用法は不特定のあるひとつを表わしています。このマンションは、見事なマンションのひとつであることを伝えています。

正解は⑥です。

(2) Il vient de rentrer (des) États-Unis.「彼はアメリカ合衆国からもどった

16

ところです」となり、前置詞 de と定冠詞 les の縮約形 des が入ります。

　動詞 rentrer の使い方がポイントです。rentrer は「帰る、もどる」の意味ですが、どこからもどるのかを示すときは前置詞 de を用います。rentrer de ~「~からもどる」となります。設問文では de の次に国名がきています。

　国名にはひとつしかないものに用いる定冠詞が必要です。アメリカ合衆国は男性名詞複数で les États-Unis となりますので、de の次に定冠詞複数形 les がつづきます。[1]の冒頭の説明にあるように、前置詞 de はつづく定冠詞 les とひとつの語 **des** に変換しなければなりません。選択肢の des はここでは不定冠詞複数としてとらえるのではなく、de と les の縮約形としてとらえてください。男性名詞単数の日本 le Japon からもどるのであれば、de と le の縮約形 du を用いて rentrer du Japon となります。

　女性名詞単数の定冠詞 la やエリジョンした l' とは縮約しません。rentrer de la gare、rentrer de l'école、rentrer de l'aéroport となります。注意しておきたいのは女性名詞でも国名のときは de la の la をつけないで rentrer de France「フランスからもどる」、rentrer d'Italie「イタリアからもどる」となることです。de はエリジョンする語になっていますから母音や無音の h で始まる語がくるときは e をとってアポストロフで示し d' となります。

　Il vient de は venir de ~ の形ですから近接過去「~したところである」を表わします。

　正解は④です。

(3) Vous avez (de la) chance !「あなた（方）は運がいいですね」となり、女性名詞に用いる部分冠詞が入ります。

　名詞 chance は「運、幸運」の意味ですから、ひとつ、ふたつと数えません。Aie du courage !「勇気を出して」、Tu as de la fièvre ?「熱があるの？」（『仏検公式基本語辞典』p.67、p.116）、というときの「勇気」「熱」のような名詞に用いる部分冠詞と同じ用法です。avoir **de la** fièvre や avoir **du** courage は「熱」「勇気」といった性質を持ち合わせていることを伝えています。

　部分冠詞の用法には液体のような**数えられないもののある量**を表わすだけでなく、**とくに数えない性質のもののある量**も表わします。選択肢の部分冠詞は女性名詞に用いる de la しかありません。

　設問文を否定にして「ついてないね」を伝える文は Vous n'avez pas **de** chance ! となり、否定の冠詞 de を用います。直接目的語につく部分冠詞は

否定文では de になるためです。
　正解は③です。

(4) (Les) parents de François ne sont pas là.「フランソワの両親はいません」となり定冠詞複数形を入れます。

　parents「両親」につづく de François「フランソワの」はだれの両親であるかを伝えています。つまり parents を特定しています。**不定冠詞は特定されていないものを表わし**、**定冠詞は特定されているもの**を表わします。parents は複数名詞ですから les になります。

　être là の表現は「(そこ、ここ) にいる」という意味です。「いる、いない」を伝えるための表現ですから là をとくに「そこに」と訳すことはしません。
　正解は⑤です。

|解　答|　(1) ⑥　　(2) ④　　(3) ③　　(4) ⑤

4級の傾向と対策　筆記試験 [1]

> [練習問題 2]

>> 次の(1)〜(4)の(　)内に入れるのに最も適切なものを、下の①〜⑥のなかから1つずつ選び、解答欄のその番号にマークしてください。ただし、同じものを複数回用いることはできません。
>>
>> (1) Est-ce qu'il y a (　　) hôtel près d'ici ?
>>
>> (2) Et maintenant, tu te laves (　　) mains.
>>
>> (3) Nous sommes allés au jardin (　　) plantes ce matin.
>>
>> (4) Tu veux (　　) confiture ?
>>
>> 　　① au　　　② de la　　　③ des
>> 　　④ le　　　⑤ les　　　　⑥ un　　　（13 春）

[解説]

(1) Est-ce qu'il y a (un) hôtel près d'ici ?「この近くにホテルがありますか」となり、不定冠詞男性単数の un が入ります。

たとえば「リッツホテル」という特定されたホテルをさがしているときは、定冠詞をつけて Est-ce qu'il y a l'hôtel Ritz près d'ici ? となります。設問文の hôtel には固有名詞がありませんから、尋ねている人はホテルであればどのホテルでもよく、特定されていないあるひとつのホテルをさがしていますので不定冠詞になります。選択肢にある不定冠詞単数は un しかありません。

正解は⑥です。

(2) Et maintenant, tu te laves (les) mains.「さあ、手を洗うのよ」となり定冠詞複数形が入ります。

「手を洗う」「指を切る」のように自分自身の体の一部に何か行為が及ぶとき、フランス語は代名動詞を用います。laver ~「~を洗う」、couper ~「~

19

を切る」を用いるのではなく、代名動詞 se laver ~「自分の～を洗う」、se couper ~「自分の～を切る」を使います。体の部分を表わす語にはかならず定冠詞を用います。その人の手や指のことですから、最初から特定されています。

maintenant は「今」の意味です。

正解は⑤です。

(3) Nous sommes allés au jardin (des) plantes ce matin.「私たちは、けさ、植物園に行きました」となり、前置詞 de と定冠詞 les の縮約形 des が入ります。

ふたつの名詞の間に（　）があります。「庭」を表わす名詞 jardin と「植物」を表わす複数名詞 plantes をつなぐためには前置詞が必要です。「植物の庭園」とするには英語の of にあたる de が必要です。le jardin de les plantes と並べたとき de と les はすでに 練習問題1 (2)で見た縮約形になります。de + les は des になります。

設問文の au は前置詞 à と定冠詞 le の縮約形です。ここでは「～へ行く」を表わすには動詞 aller のあとに前置詞 à が必要になるからです。à の次に le jardin がきますから au jardin になっています。

正解は③です。

(4) Tu veux (de la) confiture ?「ジャムいる？」となり、女性名詞に用いる部分冠詞が入ります。

部分冠詞はすでに 練習問題1 (3)でみましたが、ここでは「ジャム」ですから、数えられないもののある量を表わす使い方です。

部分冠詞は de l'eau「水」や de la confiture「ジャム」のように**数えられない名詞を対象にその「いくらかの量」を表わす**だけではありません。du pain「パン」、de la viande「肉」、du poisson「魚」のように**数えられる名詞を対象にして「ひとつのものある1部分の量」**も表わします。パン、肉、魚といった数えられる名詞の場合、ふつう1度にまるごと1本、1頭、1匹を食べるのではなく、ひとつのもののある部分の量が食べる対象になります。この量を表わすのが部分冠詞です。

正解は②です。

解答　(1) ⑥　　(2) ⑤　　(3) ③　　(4) ②

練習問題 3

次の(1)~(4)の(　)内に入れるのに最も適切なものを、下の①~⑥のなかから1つずつ選び、解答欄のその番号にマークしてください。ただし、同じものを複数回用いることはできません。

(1) D'habitude, elle ne porte pas (　　) lunettes. (12 春)

(2) Elle a mal (　　) dents. (11 秋)

(3) Il y a encore (　　) neige à Hokkaido. (11 秋)

(4) Quelle est (　　) clé du bureau ? (11 春)

① aux　　② de　　③ de la
④ des　　⑤ la　　⑥ un

解説

(1) D'habitude, elle ne porte pas (de) lunettes.「ふだん、彼女は眼鏡をかけていません」となり、否定の冠詞 de が入ります。

3つのことに注意してください。まず否定文であること。次に lunettes には s がついていますから複数名詞です。さらに lunettes はこの文では直接目的語として機能しています。

フランス語では一般に「眼鏡1組」を表わすとき、とくに une paire de ~「1組の~」を用いずに複数名詞で表わします。「彼女は眼鏡をかけている」は Elle porte des lunettes. となります。不定冠詞を用いるのは、いろいろある眼鏡のある1組を彼女がかけているということで、とくに「その眼鏡」と特定する必要がないからです。

des lunettes はこの文の**直接目的語**です。動詞（être を除く）のあとに直接つづく名詞をこのように呼びます。**直接目的語につく不定冠詞は否定文では de** になります。1の冒頭にある否定の冠詞 de を参照してください。

正解は②です。

(2) Elle a mal (aux) dents.「彼女は歯が痛い」となり、前置詞 à と定冠詞複数 les の縮約形 aux が入ります。
　前置詞 à がくるのは avoir mal à ~「~が痛い」の表現が用いられているからです。前置詞 à のあとに体の部分を表わす語がきますが、その人（＝主語）の体ですから特定されて定冠詞で表わします。
　実際に歯が痛いときは奥歯の1本が痛いこともありますが、この表現は体のある部分が痛いことを伝えるにとどまる表現です。のどや頭ではなく歯が痛いということです。歯は複数でなりたっていますから複数形 dents で表現しています。
　正解は①です。

(3) Il y a encore (de la) neige à Hokkaido.「北海道にはまだ雪があります」となり、女性名詞に用いる部分冠詞 de la が入ります。
　neige「雪」は、数としてではなく、量としてとらえますから、部分冠詞を用います。選択肢の部分冠詞は de la だけです。
　正解は③になります。

(4) Quelle est (la) clé du bureau ?「オフィスの鍵はどれですか」となり、定冠詞女性単数 la が入ります。
　clé は「鍵」のことです。鍵ケースにいくつも鍵を入れている場合を想定してください。いくつもある鍵のなかから、「オフィスの」と特定された鍵が問題になっています。特定されたものを示すのは定冠詞ですから la になります。
　名詞 clé の性がわからないとき、疑問形容詞 quelle の形に注意してください。名詞 clé「鍵」が quelle「どれ」であるかを尋ねている疑問形容詞は clé の性・数に一致した形を用います。女性単数の形なのは clé が女性名詞でここでは単数で使われているからです。clé につく定冠詞は女性単数です。
　正解は⑤です。

解答　(1) ②　　(2) ①　　(3) ③　　(4) ⑤

2　5つの対話文の空欄に正しい代名詞をそれぞれ提示されている3つの選択肢のなかから選ぶ問題です。配点10。

　フランス語では同じ名詞を繰り返し使うことはなるべく避けます。そのためにいろいろな種類の代名詞が用意されています。4級レベルでは、人称代名詞（直接目的語、間接目的語、強勢形）、中性代名詞、指示代名詞の基本的な用法が出題されています。
　出題される代名詞の形と用法を確認しておきましょう。

人称代名詞

主語	je (j')	tu	il	elle	nous	vous	ils	elles
直接目的語	me (m')	te (t')	le (l')	la (l')	nous	vous	les	
間接目的語	me (m')	te (t')	lui		nous	vous	leur	
強勢形	moi	toi	lui	elle	nous	vous	eux	elles

主語人称代名詞 on
・「私たちは」「人は、人々は」の意味で用いる。
・動詞は3人称単数 il / elle と同じ活用形にする。

直接目的語の人称代名詞
　me (m') 私を / te (t') 君を / le (l') 彼を、それを / la (l') 彼女を、それを / nous 私たちを / vous あなた(方)を、君たちを / les 彼(女)らを、それらを
・動詞（être を除く）のあとに**直接つづく名詞（直接目的語と呼ぶ）**のかわりとなり、動詞の前に置く。
　〈動詞＋名詞（直接目的語）〉➡〈直接目的語の人称代名詞＋動詞〉

間接目的語の人称代名詞
　me (m') 私に / te (t') 君に / lui 彼(女)に / nous 私たちに / vous あなた(方)に、君たちに / leur 彼(女)らに
・動詞（être を除く）のあとに**前置詞 à を介してつづく名詞（間接目的語と呼ぶ）**が人を表わすとき、この名詞のかわりとなる。動詞の前に置く。
　〈動詞＋**à** 名詞（間接目的語）〉➡〈間接目的語の人称代名詞＋動詞〉

強勢形の人称代名詞

moi 私 / toi 君 / lui 彼 / elle 彼女 / nous 私たち / vous あなた(方)、君たち / eux 彼ら / elles 彼女たち

❶ 主語の強調　　　　　　**Moi,** je suis japonais.「ぼくは、日本人です」
❷ 前置詞のあと　　　　　Je vais avec **toi**.「私は君といっしょに行きます」
❸ C'est の表現のあと　　 C'est **moi**.「それは私です」
❹ 比較の que のあと　　 Je suis plus grand que **lui**.「ぼくは彼より背が高い」
❺ 「〜もまた」**Moi** aussi. / **Moi** non plus. の表現で
　　　　　　　　　　　　Je ne suis pas étudiant. **Toi** non plus ?
　　　　　　　　　　　　「ぼくは学生ではありません。君もそう？」

中性代名詞 en

❶ 〈不定冠詞複数 des +名詞〉にかわる。
❷ 〈部分冠詞+名詞〉にかわる。
❸ 〈否定の de / 前置詞 de +名詞〉にかわる。
❹ 〈数詞（un、une、deux ...）+名詞〉は〈en ... 数詞（un、une、deux ...）〉にかわる。
＊動詞の前に置く。

中性代名詞 y

❶ 〈場所を示す前置詞（à、dans、chez、en、sur ...）+名詞〉にかわる。
❷ 〈前置詞 à +名詞（事物）〉にかわる。
＊動詞の前に置く。

指示代名詞

| celui（男・単） | celle（女・単） | ceux（男・複） | celles（女・複） |

❶ 既出の名詞のかわりになり、de を介して説明をくわえることができる。
❷ 既出の名詞のかわりになり、-ci、-là をつけて 2 つを区別する。

　代名詞を使い分けるには以上の**規則**をしっかり身につけて、**名詞につく冠詞や前置詞に注意し、名詞が文のなかでどのように機能しているかをつかむ**ことです。

4級の傾向と対策　筆記試験 2

練習問題 1

次の対話(1)〜(5)の（　）内に入れるのに最も適切なものを、それぞれ①〜③のなかから1つずつ選び、解答欄のその番号にマークしてください。

(1) — C'est ton dictionnaire ?
　　— Non, c'est (　　) de ma sœur.
　　　① celle　　　② celui　　　③ ceux

(2) — Ce vélo est à Paul ?
　　— Non, il n'est pas à (　　).
　　　① il　　　② le　　　③ lui

(3) —Ton père est toujours aux États-Unis ?
　　— Oui, il (　　) reste encore un an.
　　　① en　　　② les　　　③ y

(4) — Tu aimes ce tableau ?
　　— Oui, il (　　) plaît.
　　　① je　　　② me　　　③ moi

(5) — Vous avez lu ce livre ?
　　— Oui, mais je (　　) trouve un peu difficile.
　　　① la　　　② le　　　③ lui　　　（14春）

解　説

(1) — C'est ton dictionnaire ?「これ、君の辞書？」— Non, c'est (celui) de ma sœur.「いいえ、私の姉〔妹〕のよ」となり、指示代名詞男性単数

celui が入ります。

　返答文に名詞をもどすと、Non, c'est **le dictionnaire** de ma sœur.「いいえ、私の姉〔妹〕の辞書です」となり、名詞 dictionnaire には前置詞 de を介して「私の姉〔妹〕」という説明がくわえられています。既出の名詞のかわりとなり de を介して新しい情報をくわえる機能をもつ代名詞が指示代名詞です。2の冒頭の指示代名詞❶の用法です。選択肢はすべて指示代名詞です。dictionnaire は男性名詞単数ですから、①celle（女・単）②celui（男・単）③ceux（男・複）のなかで、celui がこの名詞のかわりになります。

　dictionnaire が男性名詞であることは、男性名詞単数に用いる所有形容詞 ton から判断できます。

　正解は②です。

(2) ─ Ce vélo est à Paul ?「この自転車はポールのものですか」─ Non, il n'est pas à (lui).「いいえ、それは彼のものではありません」となり、人称代名詞強勢形3人称男性単数の lui が入ります。

　A être à B で「A は B のものである」を表わします。この表現の B は前置詞 à とともに使いますから、前置詞とともに用いることのできる人称代名詞を選びます。①il「彼は、それは」は主語人称代名詞で、主語だけに用いるものです。②le は直接目的語の人称代名詞で「彼を、それを」を表わします。③lui は間接目的語の人称代名詞「彼に、彼女に」だけでなく、「彼」を表わす強勢形の人称代名詞の形です。ここでは男性のポールのことですから、lui が強勢形の代名詞として使われています。

　正解は③です。

(3) ─Ton père est toujours aux États-Unis ?「君のお父さんはあいかわらずアメリカ合衆国にいるの？」─ Oui, il (y) reste encore un an.「そうだよ、もう1年滞在するんだ」となり、中性代名詞 y が入ります。

　返答文に名詞をもどすと Oui, il reste **aux États-Unis** encore un an. となります。aux は場所を表わす前置詞 à と定冠詞複数の les が縮約された形です。名詞 les États-Unis が、場所を表わす前置詞とともに用いられています。2の冒頭にある中性代名詞 y の❶の用法で〈場所を示す前置詞＋名詞〉は「そこに」を表わす中性代名詞 y に置きかえることができます。

　正解は③です。

(4) ― Tu aimes ce tableau ?「君はこの絵が好き？」― Oui, il (me) plaît.「はい、私はそれが気に入ってます」となり人称代名詞の間接目的語 me が入ります。

　il me plaît の主語人称代名詞 il は「彼は」ではなく、男性名詞単数の ce tableau「この絵」のかわりに用いられて「それは」を表わしています。動詞 plaire は、A plaire à B で「A は B の気に入る」になります。〈前置詞 à ＋名詞〉を間接目的語と呼び、plaire はこの間接目的語をとる動詞です。選択肢①je は主語人称代名詞「私は」、③moi は(2)で見た強勢形の「私」です。「私に」を表わす間接目的語の人称代名詞は me になります。2の冒頭の表と説明で確認しておきましょう。目的語の代名詞は動詞の前に置きますから il **me** plaît となります。

　正解は②です。

(5) ― Vous avez lu ce livre ?「あなたはこの本を読みましたか」― Oui, mais je (le) trouve un peu difficile.「はい、でもそれは少しむずかしいと思います」となり直接目的語の人称代名詞 le が入ります。

　動詞 trouver は trouver A B で「A を B だと思う」の意味です。A は trouver の直接目的語です。(4)で見た間接目的語は前置詞 à を介してつづく名詞を指しますが、直接目的語は動詞のあとに直接つづく名詞を指します。返答文の名詞をもどすと Je trouve **ce livre** un peu difficile. となり、直接目的語にあたる ce livre を代名詞に置きかえます。男性名詞単数をうける直接目的語の代名詞 le「それを」になります。2の冒頭の表で確認してください。(4)で見たように目的語の代名詞は動詞の前におきますから、Je **le** trouve un peu difficile. となります。

　B は属詞と呼び、英語の補語にあたるはたらきで、主語や目的語の性質を伝えます。Ce livre est difficile.「この本はむずかしい」では主語の属詞で、Je trouve **ce livre** difficile.「私はこの本をむずかしいと思う」では直接目的語の属詞です。

　正解は②です。

解　答　(1) ②　　(2) ③　　(3) ③　　(4) ②　　(5) ②

練習問題2

次の対話(1)〜(5)の（　）内に入れるのに最も適切なものを、それぞれ①〜③のなかから1つずつ選び、解答欄のその番号にマークしてください。

(1) — Jeudi, c'est l'anniversaire de Cécile.
　　— Qu'est-ce que nous (　　) offrons ?
　　　① en　　　　　② l'　　　　　③ lui

(2) — Marie a des frères ?
　　— Oui, elle (　　) a trois.
　　　① en　　　　　② l'　　　　　③ y

(3) — On prend ce chemin ?
　　— Non, pas (　　)-ci. Il est trop long.
　　　① celle　　　② celui　　　③ ceux

(4) — Qui a cassé le verre ?
　　— Ce n'est pas (　　).
　　　① je　　　　　② me　　　　　③ moi

(5) — Tu as un beau vélo !
　　— Je peux te (　　) prêter.
　　　① la　　　　　② le　　　　　③ lui　　　(13秋)

[解説]

(1) ― Jeudi, c'est l'anniversaire de Cécile.「木曜日、セシルのお誕生日だ」― Qu'est-ce que nous (lui) offrons ?「彼女に何をプレゼントしようか」となり、間接目的語の人称代名詞 lui が入ります。

offrons の原形は offrir です。offrir A à B で「A を B にプレゼントする」となります。A は直接目的語、à B のように前置詞 à を介してつづく名詞を**間接目的語**と呼びます。**この間接目的語が人を表わすとき人称代名詞間接目的語に置きかえる**ことができます。設問文では Qu'est-ce que「何を」が A にあたります。à B にあたるのが **à Cécile** で、人を表わしていますから「セシルに」を「彼女に」lui で置きかえます。

目的語の代名詞は動詞の前に置きますから、offrons の前のカッコに lui を入れます。

正解は③です。

(2) ― Marie a des frères ?「マリには兄弟がいますか」― Oui, elle (en) a trois.「はい、3 人います」となり、中性代名詞 en が入ります。

返答文に名詞をもどしてみましょう。Oui, elle a trois **frères**. となります。名詞が数詞とともに用いられるとき、名詞を中性代名詞 en に置きかえて動詞の前に置き、数詞を動詞のあとにもってきて elle en a trois とします。２の冒頭の中性代名詞 en ❹の用法になります。

正解は①です。

(3) ― On prend ce chemin ?「この道を行くの？」― Non, pas (celui)-ci. Il est trop long.「いや、こっちのは（この道）はだめだ。時間がかかりすぎる（長すぎる）」となり、指示代名詞男性単数 celui が入ります。

返答文に名詞をもどすと Non, pas ce **chemin**-ci. となります。指示形容詞 ce には「この、あの、その」の意味があり、あちらではなく、こちらの道であることをはっきりさせるとき、-ci をつけます。あちらの道であれば -là をつけて ce chemin-là となります。

ce chemin-ci、ce chemin-là の名詞を代名詞にするときに用いるのが指示代名詞です。chemin は男性単数の名詞ですから、celui-ci、celui-là となり、意味としては「こちらのもの、あちらのもの」を示し、ふたつのものを区別するときに用います。２の冒頭にある指示代名詞❷の用法です。

正解は②です。

(4) — Qui a cassé le verre ?「だれがグラスを割ったんだ」— Ce n'est pas (moi).「ぼくじゃないよ」となり、人称代名詞強勢形 moi が入ります。

qui「だれが」と尋ねていますので、たとえば「ポールです」なら c'est ~ の表現を用いて C'est Paul. となります。この表現で「私です」を伝えるには強勢形の人称代名詞 moi を用いて C'est moi. となります。

je「私は」は主語に使います。me「私を、私に」は直接目的語と間接目的語に用います。②の冒頭にある強勢形の人称代名詞❸の用法です。

正解は③です。

(5) — Tu as un beau vélo !「かっこいい自転車持ってるね」— Je peux te (le) prêter.「君に貸してあげてもいいよ」となり、直接目的語の人称代名詞 le が入ります。

返答文に名詞をもどしてみましょう。Je peux te prêter **ce beau vélo**. となります。prêter A à B で「A を B に貸す」ですから、ce beau vélo は A の直接目的語です。これを代名詞「それを」にします。vélo は男性単数名詞ですから、「それを」は le になります。

設問文には動詞が 2 つありますが、ce beau vélo は prêter の直接目的語ですから、peux の前ではなく prêter の前に置きます。

te はここでは à B にあたり、間接目的語の「君に」になります。

正解は②です。

解 答 (1) ③   (2) ①   (3) ②   (4) ③   (5) ②

練習問題 3

次の対話(1)〜(5)の (　) 内に入れるのに最も適切なものを、それぞれ①〜③のなかから1つずつ選び、解答欄のその番号にマークしてください。

(1) ― Je vais chez monsieur et madame Dumont.
　　― Ah oui. Tu (　) diras bonjour.
　　① la　　② les　　③ leur　　(13 春)

(2) ― Ta sœur vient te voir ?
　　― Non, j'irai (　) voir chez elle.
　　① la　　② le　　③ lui　　(13 春)

(3) ― Philippe est le plus grand de ta classe ?
　　― Non. Michel est plus grand que (　).
　　① la　　② le　　③ lui　　(12 秋)

(4) ― Je voudrais des croissants.
　　― Oui, mademoiselle. Vous (　) voulez combien ?
　　① en　　② les　　③ y　　(12 春)

(5) ― Vous connaissez bien ce quartier ?
　　― Oui. On (　) fait souvent des courses.
　　① en　　② le　　③ y　　(12 春)

解説

(1) ― Je vais chez monsieur et madame Dumont.「デュモン夫妻の家に行くよ」― Ah oui. Tu (leur) diras bonjour.「ああ、そう。彼らによろしく言

ってね」となり、間接目的語の人称代名詞 leur が入ります。
　動詞 diras は dire が原形で意味は「言う」です。語尾が -ras ですから単純未来の活用形です。2 人称で使われる単純未来は軽い命令を表わします。
　dire bonjour à ~ で「~によろしく言う」の意味です。返答文に名詞をもどすと Tu diras bonjour **à monsieur et madame Dumont**. となります。すでに見たように〈à + 名詞〉は間接目的語ですが、この名詞が人の場合、間接目的語の人称代名詞に置きかえることができます。「デュモン夫妻に」ですから「彼らに」にあたる leur を動詞の前に置きます。
　正解は③です。

(2) — Ta sœur vient te voir ?「君の姉〔妹〕は君に会いに来るの？」— Non, j'irai (la) voir chez elle.「いいえ、私が彼女に会いに家に行くのよ」となり、直接目的語の人称代名詞 la が入ります。
　返答文に名詞をもどすと Non, j'irai voir **ma sœur** chez elle.「いいえ、私が姉〔妹〕に会いに彼女の家に行きます」となります。voir ~ は日本語に訳すと「~に会う」となりますが、名詞の前に前置詞 à をとりません。直接目的語をとる動詞です。ma sœur ですから「彼女を」にあたる la を使います。
　設問文のように動詞が 2 つ以上あるとき、目的語代名詞の位置に注意しましょう。動詞の前に置きますが、その名詞が直接目的語あるいは間接目的語となる動詞の前に置きます。irai は自動詞 aller「行く」ですから直接目的語をとりません。「彼女を」は voir の直接目的語になりますから voir の前に置きます。
　正解は①です。

(3) — Philippe est le plus grand de ta classe ?「フィリップが君のクラスで一番背が高いの？」— Non. Michel est plus grand que (lui).「いいえ。ミッシェルが彼より背が高いんだ」となり、強勢形 lui が入ります。
　応答文は比較級の構文になっています。名詞を繰り返すと Michel est plus grand que **Philippe**. になります。比較級の構文〈plus / aussi / moins + 形容詞・副詞 + que ...〉では que のあとの人称代名詞は強勢形です。②の冒頭にある強勢形❹の用法です。Philippe は男性の名前ですから、「彼」は lui になります。
　正解は③です。

(4) — Je voudrais des croissants.「クロワッサンをいただきたいのですが」— Oui, mademoiselle. Vous (en) voulez combien ?「はい、お嬢さん。いくつお望みですか」となり、中性代名詞 en が入ります。

　combien の使い方に注意してください。数や量を尋ねるには〈combien de + 無冠詞名詞〉で「～はいくつ」を用います。返答文に名詞をもどすと Vous voulez combien **de croissants** ? となり「クロワッサンをいくつ欲しいですか」となります。この構文では croissants の名詞が de とともに用いられますから〈前置詞 de + 名詞〉のかわりとなる代名詞 en です。2の冒頭にある中性代名詞 en の❸の用法です。動詞の前に置くことにも注意してください。

　正解は①です。

(5) — Vous connaissez bien ce quartier ?「この地区をよくご存知ですか」— Oui. On (y) fait souvent des courses.「はい。そこでよく買い物をしています」となり中性代名詞 y が入ります。

　返答文に名詞をもどしてみましょう。On fait souvent des courses **dans ce quartier**.「私たちはこの地区でよく買い物をしています」となります。場所を示す前置詞 dans とともに使われている名詞 quartier は、〈場所を示す前置詞 + 名詞〉にかわる中性代名詞 y に置きかえます。(4)の en と同様に動詞の前に置きます。

　正解は③です。

解　答　(1) ③　　(2) ①　　(3) ③　　(4) ①　　(5) ③

3 　AとBの対話でBの発話文の部分が下線になっています。3つの選択肢のなかからBの発話文としてもっとも適切なものを選択して、AとBの対話を成立させる問題です。配点8。

　体調について尋ねられたり、招待をうけたときの諾否の返事、道を尋ねたり、道案内に答えたり、電話でのやりとり、お店や駅の窓口での応答、レストランでの注文など、日常のさまざまな場面での基本的な受け答えの力がためされます。

練習問題 1

次の(1)〜(4)の **A** と **B** の対話を完成させてください。**B** の下線部に入れるのに最も適切なものを、それぞれ①〜③のなかから1つずつ選び、解答欄のその番号にマークしてください。

(1) **A** : Elle parle très bien le japonais.

　B : _____

　A : Ah bon ? Alors, où est-ce qu'elle l'a appris ?

　　① C'est vrai. Elle a travaillé longtemps à Tokyo.
　　② Oui, mais elle n'est jamais allée au Japon.
　　③ Son mari non plus.

(2) **A** : Je voudrais réserver une table.

　B : _____

　A : Ce vendredi soir.

　　① L'addition, s'il vous plaît.
　　② Pour combien de personnes ?
　　③ Pour quel jour ?

(3) **A** : Qui est-ce ?

　B : _____

　A : Il a joué dans quel film ?

　　① C'est un acteur anglais.
　　② C'est un château en France.
　　③ C'est un professeur d'anglais.

(4) **A** : Voici une photo de mes grands-parents.
　　B : _____
　　A : Oui, une fois par semaine.

　　① Ils n'habitent pas ici ?
　　② Vous les connaissez ?
　　③ Vous les voyez souvent ?　　　　　　（14 秋）

解説

(1) **A** が Elle parle très bien le japonais.「彼女は日本語をとてもじょうずに話しますね」と言っています。**B** がこれに返答すると **A** は Ah bon ? Alors, où est-ce qu'elle l'a appris ?「そうなの？じゃあ、彼女はどこで日本語を学んだのかしら」と質問しています。l' は où est-ce qu'elle a appris **le japonais** ? の直接目的語 le japonais をうける直接目的語の代名詞です。**B** が①C'est vrai. Elle a travaillé longtemps à Tokyo.「本当ね。彼女は長いこと東京で仕事をしていたから」は **A** の応答として可能ですが、そのあとで **A** は日本語を習った場所を尋ねないはずです。**B** の応答が②Oui, mais elle n'est jamais allée au Japon.「そうね、でも彼女は１度も日本に行ったことがないのよ」であれば、どこで日本語を習ったのか知りたくなります。③の Son mari non plus.「彼女の夫もそうではありません」は、はじめの **A** の応答とかみ合いません。

　正解は②です。

(2) **A** が Je voudrais réserver une table.「テーブルをひとつ予約したいのですが」と言っています。**B** の返答のあとに **A** は Ce vendredi soir.「今度の金曜日の晩に」と答えています。**B** はどのような質問をしたのでしょうか。①の L'addition, s'il vous plaît.「お勘定をお願いします」は、レストランで食事の支払いをするときの表現ですから該当しません。②は Pour combien de personnes ?「何名さまで」は、食事をする人数を尋ねていますから、これも該当しません。③Pour quel jour ?「何曜日の予定で」であればやりとりが成り立ちます。

正解は③です。

(3) A が Qui est-ce ?「だれですか」と尋ねています。B が答えたあとに A が再び Il a joué dans quel film ?「彼はどの映画にでていましたか」と質問しています。B が①C'est un acteur anglais.「イギリス人の俳優です」と答えていれば出演映画について尋ねることが可能です。②C'est un château en France.「これはフランスにある城です」は、人についての答えではありません。③C'est un professeur d'anglais.「英語の先生です」は人について答えていますが、出演映画の質問とかみ合いません。

正解は①です。

(4) A が Voici une photo de mes grands-parents.「これが私の祖父母の写真です」と言っています。B の返答のあとで A は Oui, une fois par semaine.「はい、週に1度」と答えています。B はどんな質問をしたのでしょうか。①Ils n'habitent pas ici ?「彼らはここに住んでいないのですか」の質問では A の答えとかみ合いません。②Vous les connaissez ?「あなたは彼らを知っていますか」は、祖父母の写真を見せている本人に彼らを知っているかと尋ねることはありません。③Vous les voyez souvent ?「あなたは彼らによく会っていますか」であれば、やりとりが成り立ちます。

正解は③です。

解答 (1) ②　　(2) ③　　(3) ①　　(4) ③

練習問題 2

次の(1)〜(4)の **A** と **B** の対話を完成させてください。**B** の下線部に入れるのに最も適切なものを、それぞれ①〜③のなかから1つずつ選び、解答欄のその番号にマークしてください。

(1) **A** : Comment as-tu trouvé ce restaurant ?

　　B : ＿＿＿＿＿＿＿＿＿＿＿＿＿＿＿＿＿＿＿

　　A : C'est vrai ? Moi, j'ai bien aimé.

　　　① Ça me plaît beaucoup.
　　　② Ce n'était pas très bon.
　　　③ Je ne l'ai pas trouvé.

(2) **A** : De qui parlez-vous ?

　　B : ＿＿＿＿＿＿＿＿＿＿＿＿＿＿＿＿＿＿＿

　　A : Qu'est-ce qu'elle a ?

　　　① De ma sœur. Elle a eu un bébé.
　　　② De mon examen de français.
　　　③ De Sophie. Elle n'est pas là aujourd'hui.

(3) **A** : Elles sont déjà rentrées de Paris ?

　　B : ＿＿＿＿＿＿＿＿＿＿＿＿＿＿＿＿＿＿＿

　　A : Comme elles sont gentilles !

　　　① Oui. Elles ont acheté un petit sac pour toi.
　　　② Oui. Elles rentreront demain.
　　　③ Oui. Elles sont très contentes de leur voyage.

(4) **A**: Qu'est-ce que tu as fait ce week-end ?
　　B: _____
　　A: Tu vas mieux maintenant ?
　　　① J'avais de la fièvre et je suis restée au lit.
　　　② Je suis allée au concert avec mon mari.
　　　③ Je vais voir ma mère.　　　　　　　　　　(13秋)

解　説

(1) Comment as-tu trouvé ce restaurant ?「君はあのレストランどう思った」と **A** が尋ねています。**B** が答えたあとに **A** が再び、C'est vrai ? Moi, j'ai bien aimé.「本当？ぼくはとても気に入ったよ」と言っています。

B の答えが①Ça me plaît beaucoup.「ぼくはとても気に入っているよ」では **A** と同じ意見ですからやりとりがかみ合いません。②Ce n'était pas très bon.「あまりおいしくなかった」であれば、やりとりが成り立ちます。③Je ne l'ai pas trouvé.「それが見つからなかった」は **A** への返答になりません。**A** の最初の文を「どうやってそのレストランを見つけたの」と訳すこともできますが、この意味では **B** の返答が見つかりません。

正解は②です。

(2) De qui parlez-vous ?「あなたたち、だれについて話しているの」と **A** が尋ねています。**B** が答えたあと **A** が Qu'est-ce qu'elle a ?「彼女、どうしたのかしら」と言っています。

①De ma sœur. Elle a eu un bébé.「私の姉〔妹〕のことよ。彼女に赤ちゃんが生まれたの」であれば、「どうしたの」とかみ合いません。②De mon examen de français.「フランス語の試験について」は人についてではありません。③De Sophie. Elle n'est pas là aujourd'hui.「ソフィのことよ。彼女、きょうはいないのよ」であれば「どうしたのかしら」につながります。

正解は③です。

(3) A が Elles sont déjà rentrées de Paris ?「彼女たちはパリからもうもどった？」と尋ねています。B がこれに答えたあと、A が再び Comme elles sont gentilles !「なんて彼女たちはやさしいの」と言っています。

①Oui. Elles ont acheté un petit sac pour toi.「ええ。あなたに小さいバッグを買ってきたわよ」であれば「彼女たちがやさしい」ことになります。②Oui. Elles rentreront demain.「はい。彼女たちはあすもどります」ではやりとりが成立しません。③Oui. Elles sont très contentes de leur voyage.「はい。彼女たちは旅行にとても満足しているわよ」では「彼女たちがやさしい」と結びつきません。

正解は①です。

(4) A が Qu'est-ce que tu as fait ce week-end ?「あなたはこの週末に何をしたの」と尋ねています。B が答えたあとに A が Tu vas mieux maintenant ?「今はよくなったの？」と聞き返しています。

①J'avais de la fièvre et je suis restée au lit.「熱があって寝ていたの」であれば、体調を尋ねている A とのやりとりが成立します。②Je suis allée au concert avec mon mari.「夫とコンサートに行ったのよ」では体調を尋ねることになりません。③Je vais voir ma mère.「母に会いにいくの」は最初の A の答えになりません。

正解は①です。

[解 答] (1) ②　　(2) ③　　(3) ①　　(4) ①

練習問題 3

次の(1)〜(4)の **A** と **B** の対話を完成させてください。**B** の下線部に入れるのに最も適切なものを、それぞれ①〜③のなかから1つずつ選び、解答欄のその番号にマークしてください。

(1) **A** : Tu as des nouvelles de ton frère ?
 B : _____
 A : Qu'est-ce qu'il a dit ?

① Non. Il ne m'écrit jamais.
② Non. Je n'écoute pas les nouvelles à la radio.
③ Oui. J'ai reçu une lettre hier.　　　　　（12 春）

(2) **A** : Je me souviens bien de ce petit parc.
 B : _____
 A : Oui. On faisait du foot.

① Moi aussi. On y venait souvent.
② Moi, je ne le crois pas beaucoup.
③ Moi, je ne m'en souviens pas très bien.　（12 秋）

(3) **A** : On va faire des courses ?
 B : _____
 A : Des pommes de terre, du riz...

① C'est une bonne idée !
② On dîne au restaurant ?
③ Qu'est-ce qu'il faut acheter ?　　　　　（11 秋）

(4) **A**： Tu as combien de cours demain ?

B：＿＿＿＿＿＿＿＿＿＿＿＿＿＿＿＿＿

A： Tu en as beaucoup !

① Je cours tous les jours.

② J'en ai cinq.

③ Je n'en ai pas.

(11 秋)

解説

(1) **A** が Tu as des nouvelles de ton frère ?「君の兄〔弟〕からたよりがあるかい」と尋ねています。**B** がこれに返答したあと **A** が Qu'est-ce qu'il a dit ?「彼はなんて言ってたの」と尋ねています。**B** が①Non. Il ne m'écrit jamais.「ないよ。彼は決してぼくに手紙を書かないから」であれば何を言っていたか尋ねません。②の Non. Je n'écoute pas les nouvelles à la radio.「いいえ。私はラジオでニュースを聞きません」はこのやりとりに関係ない発話文です。③は Oui. J'ai reçu une lettre hier.「うん、きのう手紙を受け取ったよ」と言っていますので **B** の答えになります。j'ai reçu の動詞の原形は recevoir「受け取る、迎える」で Je viens de recevoir ta lettre.「私は君の手紙を受け取ったところです」(『仏検公式基本語辞典』p.239) のように使います。ここでは直説法複合過去の活用形です。

正解は③です。

(2) **A** が Je me souviens bien de ce petit parc.「ぼくはこの小さいな公園をよく覚えているよ」と言っています。これに **B** が返答したあと **A** が Oui. On faisait du foot.「そうだな。よくサッカーをしていた」と言っています。**B** が①Moi aussi. On y venait souvent.「ぼくもだ。ここによく来たなあ」であれば、サッカーをしていたこととかみ合います。②は Moi, je ne le crois pas beaucoup.「ぼくは、あまりそのことを信じていない」ですから、このやりとりに関係ありません。③は Moi, je ne m'en souviens pas très bien.「ぼくは、あまりよくこの公園のこと覚えていないよ」ですから、最初の **A** とのやりとりは成り立ちますが、次の **A** の返答とかみ合いません。

正解は①です。

(3) **A** が On va faire des courses ?「これから買い物をしに行きましょうか」と尋ねています。**B** の返答のあとで **A** が Des pommes de terre, du riz...「じゃがいも、お米と…」と答えています。**B** はどのように返事をしたのでしょうか。①C'est une bonne idée !「いい考えだね」は返答として可能ですが、これに対する **A** の答えがかみ合いません。②On dîne au restaurant ?「レストランで夕食をとる？」では答えになっていません。③Qu'est-ce qu'il faut acheter ?「何を買わないといけないの」であればやりとりが成り立ちます。非人称構文〈il faut + 不定詞〉は「〜しなければならない」の意味です。

正解は③です。

(4) **A** が Tu as combien de cours demain ?「君はあす授業がいくつあるの」と尋ねています。**B** の返答のあとに **A** が Tu en as beaucoup !「君は授業が多いね」と言っています。①Je cours tous les jours. の cours は「授業」を表わす名詞の cours と同じつづりですが、動詞 courir「走る」の直説法現在1人称単数の活用形です。「私は毎日走っています」ですから答えになりません。②J'en ai cinq. は「5つ授業があるの」と言っていますからやりとりが成り立ちます。中性代名詞の en は J'ai cinq **cours**. の数詞をともなう名詞をうけています。②の冒頭にある中性代名詞の用法❹の例になります。③Je n'en ai pas.「私は授業がありません」も **A** の返答になりますが、これに「多い」とは答えません。③の en は Je n'ai pas **de cours**. の〈否定の冠詞 de + 名詞〉をうけています。中性代名詞の用法❸になります。

正解は②です。

解答 (1) ③   (2) ①   (3) ③   (4) ②

4

5つの問題文の空欄に正しい動詞の活用形をそれぞれ3つの選択肢から選び、示されている日本語に対応するフランス語の文を完成させる問題です。配点10。

出題される動詞の活用形は、**直説法**と**命令法**の範囲です。直説法では**現在、近接未来、近接過去、複合過去、半過去、単純未来**の活用形が対象になります。4級では記述式の問題は出題されません。選択肢を見て、正しい活用形を選択できる力がためされます。記述式ではありませんが、下記のような基本動詞の直説法現在の活用形と過去分詞はマスターしておくことが望ましいでしょう。他の時制の活用形の基盤となり、習得を容易にしてくれます。各時制の用法については練習問題の解説を参考にしてください。

基本となる動詞
-er 規則動詞
・chanter「歌う」、travailler「仕事をする、勉強する」
母音や無音の h で始まる aimer「好きである」、habiter「住む」など。

-ir 規則動詞
・finir「終える」、choisir「選ぶ」など。

不規則動詞
・être「である、にいる」、avoir「もっている」、aller「行く」、venir「来る」、prendre「取る、飲む、食べる、乗る」、faire「する、作る」、mettre「置く、着る、入れる」、partir「出発する」、sortir「外出する」、voir「会う、見える、見る、わかる」、attendre「待つ」、écrire「書く」、lire「読む」、dire「言う」、pouvoir「～（＋不定詞）できる」、vouloir「欲する、～（＋不定詞）したい」、devoir「～（＋不定詞）しなければならない」、connaître「（人や場所を）知っている」、savoir「知っている、～（＋不定詞）できる、～（＋que＋主語＋動詞）であることを知っている」など。

代名動詞
・se lever「起きる」、se coucher「寝る」など。

練習問題 1

次の日本語の文(1)～(5)の下には、それぞれ対応するフランス語の文が記されています。（　）内に入れるのに最も適切なものを、それぞれ①～③のなかから1つずつ選び、解答欄のその番号にマークしてください。

(1) あすの午後ニースに着く予定です。

　　On (　　) à Nice demain après-midi.

　　　① a été　　　② était　　　③ sera

(2) お母さんを待っていなさい。

　　(　　) ta mère.

　　　① Attend　　　② Attendez　　　③ Attends

(3) 弟たちはパリで生まれた。

　　Mes frères (　　) à Paris.

　　　① est née　　　② êtes nés　　　③ sont nés

(4) 手伝いましょうか。

　　Je vous (　　) ?

　　　① aide　　　② aides　　　③ aidez

(5) 毎年、私たちはイタリアでバカンスを過ごしていた。

　　Chaque année, nous (　　) nos vacances en Italie.

　　　① passaient　　　② passiez　　　③ passions

(14 秋)

解　説

　(1)「あすの午後ニースに着く予定です」は、「あすの予定」を伝えていますから動詞の時制は直説法現在の単純未来にします。選択肢の動詞はすべて être の活用形です。主語の on に注意してください。会話で「私たちは」の意味で使いますが、動詞の活用形はつねに 3 人称単数 il / elle と同じです。①は〈avoir の直説法現在 + 過去分詞〉ですから être の直説法複合過去です。②は語尾が -ait ですから être の半過去です。③は語尾が -ra ですから単純未来です。

　直説法単純未来は未来の事柄を伝える動詞の形です。活用形の原則は原形の r の前までを語幹にして、語尾〈**-rai**、**-ras**、**-ra**、**-rons**、**-rez**、**-ront**〉をつけて作ります。例えば -er 規則動詞の chanter「歌う」であれば、je **chanter**ai ...、-ir 規則動詞 finir「終える」なら je **finir**ai ...、不規則動詞 partir「出発する」は je **partir**ai ...、prendre「とる」は je **prendr**ai ... となりますが、être は語幹を原則通りに原形から作れません。単純未来の語幹 se が特別に用意されています。これに語尾をつけて〈je **se**rai、tu **se**ras、il / elle / on **se**ra、nous **se**rons、vous **se**rez、ils / elles **se**ront〉と活用します。

　日本語で「着く」となっていますので on arrivera も可能ですが、ここでは être 動詞「いる」を用いて On (sera) à Nice demain après-midi. で、着いていることを伝えています。

　正解は③です。

　(2)「お母さんを待っていなさい」は、命令文ですから動詞は命令形にします。命令形は直説法現在の活用形から作ります。「待つ」の原形は attendre で〈j'attends、tu attends、il / elle / on attend、nous attendons、vous attendez、ils / elles　attendent〉と活用します。tu を使って話す相手に対する命令形は tu の活用形の主語をとった形 attends「待ちなさい」です。vous に対しては attendez「待ってください、待ちなさい」となります。vous の場合はひとりまたは複数の、とくに親しくない相手に用いる場合と tu の複数、つまり複数の親しい間柄の相手に用いる場合があります。nous の命令形は自分をふくめて「〜しましょう」の意味で用いるときに使います。attendons は「待ちましょう」の意味です。

　設問文の日本語からは 2 通りの解答が考えられます。子どもひとりに言う場合は Attends となり、子どもがふたり以上であれば Attendez になります。

ポイントはフランス語の文にある ta です。tu で話す相手に用いる所有形容詞「君の」が使われていますから、ここでは子どもひとりに (Attends) ta mère. と言っていることになります。

　tu の直説法現在の活用形の語尾が -es、-as で終わるとき、命令形のつづりは s をとりますが、attendre の tu の活用形は attends ですから s はとりません。①を選択しないように注意してください。

　正解は③です。

(3)「弟たちはパリで生まれた」は、過去のことを伝えています。「生まれる」は naître です。「生まれた」ですから、**過去のある出来事を完了したこととして伝える直説法複合過去**にします。naître は mourir「死ぬ」と同じく、複合過去を作るとき être の直説法現在を助動詞にして作ります。**être を助動詞にするときは過去分詞を主語の性と数に一致**させます。naître の過去分詞は né になります。〈je suis né(e)、tu es né(e)、il est né、elle est née、nous sommes né(e)s、vous êtes né(e)(s)、ils sont nés、elles sont nées〉と活用します。

　設問文の主語は「弟たちは」ですから男性複数 ils の活用形になり Mes frères (sont nés) à Paris. となります。

　正解は③です。

(4)「手伝いましょうか」は、今のことですから動詞は直説法現在です。「手伝う」にあたる動詞は aider で -er 規則動詞の活用形です。原形の -er の前までを語幹にして語尾〈**-e**、**-es**、**-e**、**-ons**、**-ez**、**-ent**〉をつけて作ります。〈j'aide、tu aides、il / elle / on aide、nous aidons、vous aidez、ils / elles aident〉と活用しますから Je vous (aide) ? となります。

　注意するのはカッコの前にある vous です。これは主語ではありません。aider ~ で「~を手伝う」ですから「~を」を表わす直接目的語です。2で見た動詞の前に置く直接目的語の人称代名詞「あなたを」です。「私はあなたをお手伝いしますか」と提案している発話文ですから、vous の活用形を選んではいけません。

　正解は①です。

(5)「毎年、私たちはイタリアでバカンスを過ごしていた」も、(3)と同じく過去のことを伝えています。(3)との違いは、「生まれました」は過去のある出来事、過去のある時点で完了したことを伝えていますが、設問文は過去に繰り返し行われていたことを伝えています。一度だけ「〜した」ではなく、過去のある時期に「〜していた」行為の反復です。このように**過去において反復された行為、状況、習慣**を伝える動詞の形が**直説法半過去**です。

半過去の活用は直説法現在 nous の活用語尾 -ons をとったつづりを語幹にして、語尾〈**-ais**、**-ais**、**-ait**、**-ions**、**-iez**、**-aient**〉をつけて作ります。passer の nous の活用は pass*ons* ですから pass が語幹になり〈je passais、tu passais、il / elle / on passait、nous passions、vous passiez、ils / elles passaient〉と活用します。Chaque année, nous (passions) nos vacances en Italie. となります。

正解は③です。

|解　答|　(1) ③　　(2) ③　　(3) ③　　(4) ①　　(5) ③

練習問題 2

次の日本語の文(1)〜(5)の下には、それぞれ対応するフランス語の文が記されています。（　）内に入れるのに最も適切なものを、それぞれ①〜③のなかから1つずつ選び、解答欄のその番号にマークしてください。

(1) 駅まで送りましょう。

　　On vous (　　) jusqu'à la gare.

　　① accompagnera　② accompagnerez
　　③ accompagnerons

(2) 少しは休めましたか。

　　Vous (　　) vous reposer un peu ?

　　① avez pu　　② pourrez　　③ pouvez

(3) その店はきょうは開いていません。

　　Le magasin n'(　　) pas aujourd'hui.

　　① ouvre　　② ouvrent　　③ ouvres

(4) 毎日雨でした。

　　Il (　　) tous les jours.

　　① pleut　　② pleuvait　　③ pleuvra

(5) みなさん、おすわりください。

　　Mesdames et messieurs, (　　).

　　① asseyez-vous　② asseyons-nous　③ assieds-toi

（13 春）

解 説

(1)「駅まで送りましょう」は、話し手の意志をふくんだ未来の行為を述べていますから、選択肢の動詞はすべて単純未来の活用形です。

主語の on に注意しましょう。on は「私たちは、人々は、だれか」といった意味で使いますが、動詞の活用はつねに 3 人称単数 il / elle と同じです。

単純未来は原形の r の前までを語幹にします。accompagner の単純未来は **accompagne** を語幹にして語尾〈**-rai**、**-ras**、**-ra**、**-rons**、**-rez**、**-ront**〉をつけて〈j'accompagnerai、tu accompagneras、il / elle / on accompagnera、nous accompagnerons、vous accompagnerez、ils / elles accompagneront〉と活用します。On vous (accompagnera) jusqu'à la gare. となります。

動詞の前の vous は「あなた（方）を、君たちを」という意味の直接目的語です。主語ではありませんから、vous の活用形を選ばないように注意してください。

正解は①です。

(2)「少しは休めましたか」は、過去のことを尋ねています。選択肢の動詞は pouvoir です。〈pouvoir ＋不定詞〉で「～できる」を表わします。①avez pu は、助動詞 avoir の直説法現在と過去分詞 pu ですから直説法複合過去、②pourrez は、語尾が -rez ですから単純未来です。pouvoir の単純未来は語幹が特殊な形の pour になります。③pouvez は直説法現在の活用形ですから、①を選択して Vous (avez pu) vous reposer un peu ? となります。

「休息する」は代名動詞 se reposer ですが、文のなかで不定詞として用いるとき、再帰代名詞は se ではなく主語に一致して vous reposer となります。

正解は①です。

(3)「その店はきょうは開いていません」は、現在のことを述べていますから直説法現在の活用形になります。選択肢はすべて ouvrir「あける、開店する」の直説法現在です。〈j'ouvre、tu ouvres、il / elle / on ouvre、nous ouvrons、vous ouvrez、ils / elles ouvrent〉と活用します。le magasin が主語ですから il の活用形にして Le magasin n'(ouvre) pas aujourd'hui. となります。

正解は①です。

(4)「毎日雨でした」は、過去のことを述べています。選択肢の動詞は

pleuvoir「雨が降る」です。この動詞はつねに非人称主語 il とともに使いますから、活用形は各時制にひとつしかありません。① pleut は直説法現在、② pleuvait は語尾が -ait ですから直説法半過去です。③ pleuvra は語尾が -ra ですから直説法単純未来です。

②を選択して Il (pleuvait) tous les jours. にします。この半過去の用法は**過去において継続していた状況**を伝えています。

正解は②です。

(5)「みなさん、おすわりください」は、命令文です。代名動詞の s'asseoir「すわる」が使われています。命令形は直説法現在の活用から主語をとった形です。現在形は〈je m'assieds、**tu t'assieds**、il / elle / on s'assied、**nous nous asseyons**、**vous vous asseyez**、ils / elles s'asseyent〉と〈je m'assois、tu t'assois、il / elle / on s'assoit、nous nous assoyons、vous vous assoyez、ils / elles s'assoient〉の2つの活用形があります。tu を用いて話す相手には tu の活用形から、vous を使う相手には vous の活用形から、相手だけでなく自分もふくめて「〜しましょう」と伝えるときは nous の活用形から命令形を作ります。

代名動詞の肯定命令は主語をとり、再帰代名詞を動詞のあとにハイフンをつけて置きます。Asseyons-nous.「すわりましょう」、Asseyez-vous.「おすわりください」となり、te は toi にして Assieds-**toi**.「すわりなさい」とします。設問の文は「みなさん」と呼びかけており、vous を使うケースですから、Mesdames et messieurs, (asseyez-vous). となります。

正解は①です。

|解 答| (1) ① (2) ① (3) ① (4) ② (5) ①

練習問題 3

次の日本語の文(1)〜(5)の下には、それぞれ対応するフランス語の文が記されています。（　）内に入れるのに最も適切なものを、それぞれ①〜③のなかから1つずつ選び、解答欄のその番号にマークしてください。

(1) みんな、この犬はこわくないよ。
　　Les enfants, n'(　　) pas peur du chien !
　　① aie　　　② avons　　　③ ayez　　（13秋）

(2) 私たちはこのカフェでよく待ちあわせをしていました。
　　Nous (　　) souvent rendez-vous dans ce café.
　　① prendrons　② prenions　③ prenons　（13秋）

(3) 何か召しあがりますか。
　　Je vous (　　) quelque chose ?
　　① sers　　　② sert　　　③ servez　（12秋）

(4) だれか来た？
　　Quelqu'un (　　) ?
　　① est venu　② es venu　③ sont venus
　　　　　　　　　　　　　　　　　　　（12春）

(5) あすは曇が多いでしょう。
　　Demain, il y (　　) beaucoup de nuages.
　　① a eu　　　② aura　　　③ avait　（12春）

[解 説]
(1)「みんな、この犬はこわくないよ」は、フランス語の文に主語がなく、n'(ne) で始まっていますから否定命令です。「みんな」は les enfants「子どもたち」への呼びかけの表現です。複数の子どもに向かって言っていますから tu の複数としての vous に対する命令形になります。avoir peur de ～ で「～が怖い」ですから avoir の命令形を作ります。すでに 練習問題1 (2)や 練習問題2 (5)で命令形の作り方は説明しましたが、avoir の命令形は直説法現在の活用形から作れません。Aie（tu に対して）、ayons（nous に対して）、ayez（vous に対して）が avoir の命令形です。Les enfants, n'(ayez) pas peur du chien ! となります。être も命令形のつづりは、sois、soyons、soyez となり特殊ですから覚えておきましょう。

正解は③です。

(2)「私たちはこのカフェでよく待ちあわせをしていました」は過去のことを伝えています。過去の出来事を伝える複合過去は該当しません。ここでは過去にしていたこと、過去にそうであった状況などを伝えています。ここは**現在と対比して過去の継続的な行為、状況、習慣を伝える直説法半過去**にします。 練習問題1 の(5)と同じ例です。選択肢の動詞は prendre です。この不規則動詞の直説法現在の活用ができないと半過去は作れません。〈je prends、tu prends、il / elle / on prend、**nous prenons**、vous prenez、ils / elles prennent〉となります。半過去の語幹は nous の活用語尾 -ons をとり、pren になります。これに半過去の語尾をつけて〈je pren**ais**、tu pren**ais**、il / elle / on pren**ait**、nous pren**ions**、vous pren**iez**、ils / elles pren**aient**〉と活用します。Nous (prenions) souvent rendez-vous dans ce café. となります。

①prendrons は語尾が -rons ですから直説法単純未来です。③prenons は直説法現在です。

正解は②です。

(3)「何か召しあがりますか」は今現在のことを尋ねています。「何か」は quelque chose です。「召しあがりますか」を伝えるフランス語の動詞に、ここでは servir が使われています。servir ～ à ... で「(人)に(料理・飲みもの)を出す」の意味です。直説法現在の活用は〈je sers、tu sers、il / elle / on sert、nous servons、vous servez、ils / elles servent〉となります。Je vous (sers) quelque chose ? を直訳すると「私はあなたに何か（料理・飲みもの）をお出ししますか」となります。vous はここでは間接目的語の人称代名詞です。主語ではありませんので注意しましょう。

　正解は①です。

(4)「だれか来た？」は過去に起きたことを尋ねていますから直説法複合過去にします。直説法複合過去は〈avoir または être の直説法現在＋過去分詞〉で作ります。「来る」venir は自動詞で移動の概念を表わす動詞ですから、助動詞は être にします。être を助動詞にするときは過去分詞は主語の性・数に一致させます。venir の過去分詞は venu です。〈je suis venu(e)、tu es venu(e)、il est venu、elle est venue、nous sommes venu(e)s、vous êtes venu(e)(s)、ils sont venus、elles sont venues〉と活用します。

　quelqu'un が「だれか」を表わし、この主語に対する動詞の活用形は 3 人称男性単数 il と同じです。選択肢はすべて直説法複合過去の活用形ですから、男性単数の主語に合う活用形を選ぶと Quelqu'un (est venu) ? となります。

　正解は①です。

(5)「あすは曇が多いでしょう」ですから、未来の事柄を伝える直説法単純未来にします。設問文には il y a ~「～がある」が使われていますから、動詞は avoir です。単純未来の作り方は 練習問題 1 (1) の être 動詞で見ました。avoir は être と同じように原形の r の前を語幹にして作ることができません。語幹は **au** になり〈j'**au**rai、tu **au**ras、il / elle / on **au**ra、nous **au**rons、vous **au**rez、ils / elles **au**ront〉と活用します。主語は il ですから Demain, il y (aura) beaucoup de nuages. となります。

　avoir の過去分詞は eu で、助動詞は avoir にしますから、選択肢①a eu は直説法複合過去です。③は nous **avons** の av が語幹になり、語尾が ait ですから直説法半過去です。

　正解は②です。

解　答　(1) ③　　(2) ②　　(3) ①　　(4) ①　　(5) ②

5

4つの下線部に選択肢①〜④の語を正しく並べ入れて文を完成し、（　）に当てはまる語の番号を答える問題です。配点 10。

　文の一部にあたる単語が4つ、選択肢として用意されていますから、これらの単語を正しく並べて文を完成します。文法で学習したことが正しい語順の文を作るための知識になっているかがためされます。
　近接未来、近接過去あるいは複合過去の動詞の語順、比較級、最上級などの構文をしっかりと身につけておきましょう。
　形容詞や副詞の位置、直接目的語の人称代名詞［me (m')、te (t')、le (l')、la (l')、nous、vous、les］や間接目的語の人称代名詞［me (m')、te (t')、lui、nous、vous、leur］、中性代名詞［en、y］は平叙文では動詞の前に置かれることが語順のポイントです。
　代名動詞（se coucher など）や不定詞をともなう動詞 vouloir、pouvoir、devoir などの否定文における ne と pas の位置などもしっかりおさえておきましょう。

練習問題 1

例にならい、次の(1)〜(5)において、それぞれ①〜④をすべて用いて文を完成したときに、(　)内に入るのはどれですか。①〜④のなかから1つずつ選び、解答欄のその番号にマークしてください。なお、①〜④では文頭にくるものも小文字にしてあります。

例：Il ＿＿＿ ＿＿＿ (　) ＿＿＿ .

　　① a　　　② gentil　　③ l'air　　④ très

　　Il　a　 l'air　(très)　gentil .
　　　①　　③　　 ④　　　②

となり、①③④②の順なので、(　)内に入るのは④。

(1) Alex ＿＿＿ ＿＿＿ (　) ＿＿＿ .

　　① adore　　② américains　　③ films　　④ les

(2) Ce professeur ＿＿＿ ＿＿＿ (　) ＿＿＿ étudiants.

　　① avec　　② est　　③ gentil　　④ ses

(3) Elle ＿＿＿ ＿＿＿ (　) ＿＿＿ sa mère.

　　① aussi　　② bien　　③ danse　　④ que

(4) Je vais ＿＿＿ ＿＿＿ (　) ＿＿＿ prochaine.

　　① la　　② répondre　　③ semaine　　④ te

(5) ＿＿＿ ＿＿＿ (　) ＿＿＿ tôt.

　　① couchés　　② ils　　③ se　　④ sont

(14春)

解 説

(1) 主語 Alex の次にくるのは動詞です。選択肢 adore は原形 adorer「大好きである」の il の活用形ですから Alex adore になります。adore につづく直接目的語の名詞は films「映画」です。この名詞に冠詞 les と形容詞 américains をつけます。ポイントは形容詞の位置です。フランス語の**形容詞は名詞のうしろに置くのが原則**です。とくに色と国籍は英語と違って名詞のあとにきますので注意しましょう。冠詞は名詞の前に置きますから、les films américains となり Alex adore les (films) américains.「アレックスはアメリカ映画が大好きです」が完成します。

　正解は③です。

(2) 主語 ce professeur につづく動詞は être の il の活用形 est です。選択肢の gentil は形容詞で、男性単数の形です。意味は「親切な」で、動詞 est の属詞として ce professeur の性質を伝えています。この形容詞は gentil avec ~ で「~に親切である」となります。選択肢④ ses は複数名詞に用いる所有形容詞「彼の、彼女の」です。複数名詞 étudiants につけて ses étudiants「彼の学生たち」にして avec のあとにつづけると Ce professeur est gentil (avec) ses étudiants.「この先生は自分の学生に親切である」が完成します。

　正解は①です。

(3) 主語 elle の次には動詞 danse がきます。選択肢の aussi と que から比較級の構文〈plus / aussi / moins ＋形容詞・副詞＋ que (qu')〉であることがわかります。選択肢に bien「じょうずに」がありますから副詞の同等比較級の構文にすると、Elle danse aussi (bien) que sa mère.「彼女は母親と同じくらいじょうずに踊る」が完成します。

　正解は②です。

(4) Je vais は動詞 aller の活用なので「私は~へ行く」が考えられますが、選択肢には場所を表わす表現がありません。動詞の原形 répondre がありますから〈aller ＋不定詞〉の近接未来の構文になります。Je vais répondre ~ となりますが、la、te の選択肢はどこに入れるのでしょうか。la は定冠詞ですから名詞 semaine の前に置き、la semaine にします。te の位置がポイントです。te は 2 で見た目的語の代名詞です。ここでは répondre à ~「~に返事

をする」の à ~ にあたりますから「君に」を表わす間接目的語の人称代名詞です。これを 2 で見たように動詞の前に置き Je vais te répondre (la) semaine prochaine.「私は来週君に返事をするよ」が完成します。

　正解は①です。

(5) 文頭から下線になっています。選択肢に主語人称代名詞 ils がありますから Ils で始めて動詞をつづけます。選択肢には être の直説法現在 sont がありますが、Ils sont としても残りの選択肢をうまく並べられません。couchés は動詞 coucher の過去分詞です。ポイントは選択肢の se がなんであるかがわかることです。se は代名動詞の再帰代名詞です。原形に se がついた動詞を代名動詞と呼びます。coucher ~ は「~を寝かす」を表わし、代名動詞の se coucher は「寝る（自分を寝かせる）」の意味で用います。〈je me couche、tu te couches、il / elle / on se couche、nous nous couchons、vous vous couchez、ils / elles se couchent〉と活用します。代名動詞の複合過去は être の直説法現在を助動詞にします。選択肢の sont はこの助動詞に使う être です。再帰代名詞と過去分詞の間に置き〈je me suis couché(e)、tu t'es couché(e)、il s'est couché、elle s'est couchée、nous nous sommes couché(e)s、vous vous êtes couché(e)(s)、ils se sont couchés、elles se sont couchées〉と活用しますから Ils se (sont) couchés tôt.「彼らは早く寝ました」となります。

　正解は④です。

|解　答|　(1) ③　　(2) ①　　(3) ②　　(4) ①　　(5) ④

4級の傾向と対策　筆記試験 5

練習問題 2

例にならい、次の(1)〜(5)において、それぞれ①〜④をすべて用いて文を完成したときに、(　)内に入るのはどれですか。①〜④のなかから1つずつ選び、解答欄のその番号にマークしてください。

例：Il ＿＿＿ ＿＿＿ (　　) ＿＿＿ .
　　① a　　② gentil　　③ l'air　　④ très

　　Il　a　 l'air　 (très)　 gentil .
　　 ①　 ③　　 ④　　　②

となり、①③④②の順なので、(　)内に入るのは④。

(1) Cette robe ＿＿＿ ＿＿＿ (　　) ＿＿＿ beaucoup.
　　① me　　② ne　　③ pas　　④ plaît　（13春）

(2) Elles ＿＿＿ ＿＿＿ (　　) ＿＿＿ matin.
　　① le　　② ont　　③ partir　　④ voulu　（13春）

(3) Didier chante ＿＿＿ ＿＿＿ (　　) ＿＿＿ .
　　① belle　　② chanson　　③ japonaise　　④ une　（12春）

(4) Dis ＿＿＿ ＿＿＿ (　　) ＿＿＿ monde.
　　① à　　② bonjour　　③ le　　④ tout　（12秋）

(5) Ne ＿＿＿ ＿＿＿ (　　) ＿＿＿ photo.
　　① cette　　② lui　　③ montre　　④ pas　（11秋）

解説

(1) Cette robe「このドレスは」が主語です。次にくる動詞は plaît です。A plaire à B で「A は B の気に入る」になります。A は cette robe ですが B に何がくるでしょうか。à B ですから間接目的語です。選択肢の me が間接目的語の人称代名詞「私に」です。練習問題 1 (4)で見たように動詞の前に置き Cette robe me plaît となりますが、選択肢に ne と pas がありますから否定文にします。動詞の前に目的語の代名詞が置かれているときはこの代名詞と動詞を ne と pas ではさみます。Cette robe ne me (plaît) pas beaucoup.「このドレスは私はあまり好まない」となります。

正解は④です。

(2) 選択肢には動詞が 3 つあります。活用している ont が主語 Elles のあとにきます。voulu は vouloir の過去分詞ですから vouloir の複合過去にして Elles ont voulu となります。〈vouloir + 不定詞〉で「〜したい」となりますから、選択肢の不定詞（原形）partir をつづけて、定冠詞 le を matin の前に置くと Elles ont voulu (partir) le matin.「彼女たちは朝、出発することを望んだ」が完成します。

正解は③です。

(3) Didier chante「ディディエが歌っている」ですから「何を」にあたる直接目的語を作ります。選択肢の名詞は chanson「歌」です。これに 2 つある形容詞をつけます。belle と japonaise です。練習問題 1 (1)で見たように国籍を表わす形容詞は名詞のあとにきますから chanson japonaise となります。フランス語の形容詞はこのように名詞のうしろにくるのが原則ですが、いくつかの形容詞は名詞の前に置きます。petit「小さい」、bon「よい、おいしい」などとともに beau「美しい」も名詞の前になります。この形容詞の女性形は特殊な形で belle になります。不定冠詞をつけると Didier chante une belle (chanson) japonaise.「ディディエは日本の美しい歌を歌っています」が完成します。

正解は ② です。

(4) 文頭の Dis は動詞 dire の活用形です。直説法現在は〈je dis、tu dis、il / elle / on dit、nous disons、vous dites、ils / elles disent〉と活用します。設

問文には主語がありませんから tu に対する命令形です。dire の直接目的語を bonjour にすると、選択肢の tout はどうしたらいいでしょうか。tout le monde で「みんな」を表わします。この表現を知っていることがポイントになります。間接目的語をみちびく前置詞 à のあとに tout le monde がきて Dis bonjour à (tout) le monde.「みんなによろしく言って」となります。

正解は④です。

(5) 否定の Ne で始まっていて主語がありませんから、否定命令の形です。まず photo の前にくる語をさがしましょう。女性名詞単数に用いる指示形容詞 cette をつけて cette photo にします。否定の ne と pas ではさむ動詞は montre しかありません。-er 規則動詞の montrer は〈montrer ~ à 人〉で「人に～をみせる」となります。ne montre pas cette photo に間接目的語をくわえますが、選択肢は lui です。すでにいくつかの練習問題でみてきた間接目的語の代名詞「彼に、彼女に」は動詞の前に置きますから Ne lui montre (pas) cette photo.「この写真を彼(女)に見せないで」となります。

設問文のポイントは間接目的語の代名詞の位置と、目的語の代名詞が動詞の前に置かれているときの ne と pas の位置です。活用している動詞だけでなく目的語の代名詞もふくめて ne と pas ではさみ、(Tu) **ne** lui montre(s) **pas** cette photo. となります。

正解は④です。

解答 (1) ④　(2) ③　(3) ②　(4) ④　(5) ④

練習問題 3

例にならい、次の(1)〜(5)において、それぞれ①〜④をすべて用いて文を完成したときに、（　）内に入るのはどれですか。①〜④のなかから1つずつ選び、解答欄のその番号にマークしてください。

例： Il ___ ___ ( ) ___ .
　　① a　　② gentil　　③ l'air　　④ très

　　Il　a　 l'air　(très)　gentil．
　　　①　　③　　　④　　　②

となり、①③④②の順なので、（　）内に入るのは④。

(1) Tu as mis combien ___ ___ ( ) ___ ici ?
　　① de　　② pour　　③ temps　　④ venir　　(13秋)

(2) Je ___ ___ ( ) ___ questions.
　　① ai　　② des　　③ leur　　④ posé　　(12秋)

(3) Elle ___ ___ ( ) ___ Sophie.
　　① court　　② moins　　③ que　　④ vite
　　　　　　　　　　　　　　　　　　　(12春)

(4) Cette ___ ___ ( ) ___ .
　　① bien　　② couleur　　③ te　　④ va
　　　　　　　　　　　　　　　　　　　(11秋)

(5) Cette chambre ___ ___ ( ) ___ nous.
　　① assez　　② est　　③ grande　　④ pour
　　　　　　　　　　　　　　　　　　　(11春)

|解　説|

　(1) Tu as mis の次にある疑問副詞 combien の構文がポイントです。選択肢に de があることに注意してください。〈combien de ＋無冠詞名詞〉で「～がいくつ」となり、数や量を尋ねるときに用います。選択肢の名詞は temps ですから「時間」を尋ねています。Tu as mis combien de temps ? の動詞は mettre の複合過去です。mettre は「置く、着る、入れる」などの意味がありますが、ここでは「時間などをかける、費やす」の意味で使われています。〈mettre ＋時間の表現＋ pour (à) ＋不定詞〉の構文で「～するのに…の時間をかける」になります。時間がわからないので combien de temps と尋ねているのですが、何をするための時間かを表わすには、前置詞 pour のあとに不定詞 venir をつづけます。Tu as mis combien de temps (pour) venir ici ?「ここに来るのにどれくらい時間がかかりましたか」となります。
　正解は②です。

　(2) 選択肢の動詞は avoir の直説法現在 ai と過去分詞 posé ですから複合過去ができます。ただし、主語 Je がエリジョンしていないので j'ai posé のように並べることはできません。選択肢の leur がポイントになります。leur には所有形容詞「彼(女)らの」が考えられますが、複数名詞 questions につけるには s のついた leurs になります。questions には不定冠詞複数 des をつけて des questions とします。poser une question / des questions à ~ で「～に質問をする」ですから à ~ の間接目的語をさがします。leur がこの間接目的語の代名詞「彼らに、彼女たちに」です。動詞の前に置きますから Je leur ai (posé) des questions.「私は彼(女)らに質問をしました」となります。
　正解は④です。

　(3) 選択肢の moins と que から比較級の構文に気づくことがポイントです。
　比較級の構文は〈plus / aussi / moins ＋形容詞・副詞＋ que ...〉で「…より多く／同じくらい／より少なく～」を表わします。主語 Elle のあとに動詞 court (courir) をつづけて劣等比較級 moins ~ que にします。～に副詞 vite を入れると Elle court moins (vite) que Sophie.「彼女はソフィより速く走らない」が完成します。
　正解は④です。

(4) 指示形容詞 cette ではじまっていますから、次にくる女性名詞単数 couleur をつけて Cette couleur「その（この）色」とします。Cette couleur につづく動詞は va しかありません。va は aller の活用形ですが場所を表わす前置詞がありませんからここでは「〜へ行く」の意味にはなりません。A aller à B で「A は B に似合う、合う」の使い方になります。A が Cette couleur で、à B の間接目的語が te になります。目的語の人称代名詞は動詞の前におき Cette couleur te va となります。残る選択肢 bien は、動詞 va を修飾する副詞で、ここでは「よく」の意味で使われています。動詞のあとに置き Cette couleur te (va) bien.「その色は君によく似合う」となります。

正解は④になります。

(5) Cette chambre につづく動詞をさがします。est があり、女性形単数の形容詞 grande がありますから、Cette chambre est grande が文として成り立ちます。残りの選択肢 assez と pour はどうしたらよいでしょうか。assez 〜 pour ... は「…には十分〜である」を表わします。〜に形容詞 grande を入れ、Cette chambre est assez (grande) pour nous.「この部屋は私たちには十分広い」となります。

正解は③です。

|解 答| (1) ②　　(2) ④　　(3) ④　　(4) ④　　(5) ③

6　4つの問題文の空欄にそれぞれ示されている3つの選択肢からもっとも適切な前置詞を選ぶ問題です。配点8。

空間的な位置を示すもの、時間や期間を示すもの、あるいは交通手段を示すなど、基本的な前置詞の用法を辞書などの例文で覚えておきましょう。

空間的な位置を示す前置詞
〜で（に、へ）
à + 都市名 / à l' + 母音または無音のhで始まる単数名詞
à la + 女性単数名詞 / au + 男性単数名詞 / aux + 複数名詞
en + 女性単数名詞の国名

〜から
de (d') + 都市名 / 女性単数名詞の国名
de l' + 母音または無音のhで始まる単数名詞
de la + 女性単数名詞 / du + 男性単数名詞 / des + 複数名詞

sur	〜の上に	sous	〜の下に
devant	〜の前に	derrière	〜のうしろに
dans	〜のなかで	chez	〜の家で
de A à B	AからBまで	par	〜を通って
entre A et B	AとBの間に	pour	〜に向かって
jusqu'à	〜まで		

時間や期間を示す前置詞

à	〜に［時刻］
vers	〜ころ
en	〜で［所要時間］　〜に［年・月］
pour	〜の予定で［予定の時期・期間］
dans	〜後に
depuis	〜から［過去の時点・期間］
pendant	〜の間に
de A à B	AからBまで
entre A et B	AとBの間に

avant	〜までに、〜より前に
après	〜のあとに
jusqu'à	〜まで

その他

de	〜の［所有］
pour	〜のために［目的］、〜向けの［あて先］
en, à	〜で［交通手段］
en	〜でできた［材質］
par	〜につき［配分］
avec	〜といっしょに［同伴］、〜を使って［道具・材料］
sans	〜なしに

練習問題 1

次の(1)〜(4)の(　　)内に入れるのに最も適切なものを、それぞれ①〜③のなかから1つずつ選び、解答欄のその番号にマークしてください。

(1) Elle se promène (　　) la plage.

　　① entre　　　② pendant　　　③ sur

(2) Il est à Paris (　　) trois jours.

　　① à　　　　② avec　　　　③ pour

(3) Il y a une rivière (　　) la maison.

　　① chez　　　② derrière　　　③ en

(4) Qu'est-ce que vous ferez (　　) vos études ?

　　① après　　　② depuis　　　③ vers

(14 春)

解説

(1) Elle se promène (sur) la plage.「彼女は浜辺を散歩しています」となり、sur が入ります。

　sur は「〜の上に」の意味ですが、広範囲にわたる場所を示すときにも用います。plage「浜辺」のような広がりのあるところに用います。浜辺で遊ぶときも Les enfants jouent sur la plage.「子どもたちは浜辺で遊んでいます」(『仏検公式基本語辞典』p.214) のように sur la plage です。

　正解は③です。

(2) Il est à Paris (pour) trois jours.「彼は3日の予定でパリにいます」となり、pour が入ります。

　pour にはいくつもの使い方があります。Je vais en France **pour** étudier le

français.「私はフランス語を学ぶためにフランスに行きます」の pour は目的を表わしています。Deux billets **pour** Paris, s'il vous plaît.「パリ行きの切符を2枚、お願いします」では目的地を表わしています。C'est **pour** toi.「これは君にだ」では対象を表わしています。以上の pour の用法は5級レベルです。設問文の予定の期間を表わす用法は4級レベルです。頻度が高い前置詞ですから、これらの用法をしっかり身につけておきましょう。

①à は Je me lève à sept heures.「私は7時に起きます」(『仏検公式基本語辞典』p.1) のように時刻などを示し、②avec は「～といっしょに」です。

正解は③です。

(3) Il y a une rivière (derrière) la maison.「家の裏に川があります」となり、derrière が入ります。

derrière は「～のうしろに、～の裏に」を表わします。「～の前に、～の前方に」を表わす前置詞 devant とペアにして覚えておきましょう。

①chez は「～の家で」を表わす前置詞です。固有名詞を用いて chez Anne「アンヌの家で」となり、「私の家で」は人称代名詞強勢形を用いて chez moi のように使います。③en には様々な用法がありますが、en France「フランスに（で）」、en Angleterre「イギリスに（で）」のように女性名詞の国名に用いて場所を示します。

正解は②です。

(4) Qu'est-ce que vous ferez (après) vos études ?「卒業後は何をなさるのですか」となり、après が入ります。

après はここでは時間や時期について「～のあとで」の意味になります。après vos études「あなたの学業のあとで」を伝える表現がフランス語では「卒業後に」の意味を伝えます。

②depuis は depuis lundi「月曜日から」のように過去のある時点を起点として「～から、～以来」の意味で使います。また期間の表現を用いて depuis trois ans「3年前から」のように使います。③vers は時間や時期を示して「～ころ」、場所を示して「～の方に」として使います。

正解は①です。

解 答 (1) ③　(2) ③　(3) ②　(4) ①

練習問題 2

次の(1)～(4)の(　)内に入れるのに最も適切なものを、それぞれ①～③のなかから1つずつ選び、解答欄のその番号にマークしてください。

(1) Émilie vient (　　) midi.
　　① depuis　　② sur　　③ vers　　（13 秋）

(2) Le magasin est ouvert (　　) 22 heures.
　　① avec　　② devant　　③ jusqu'à　　（12 秋）

(3) Nous revenons (　　) taxi.
　　① avec　　② en　　③ par　　（11 秋）

(4) Je suis resté au lit (　　) trois jours.
　　① en　　② entre　　③ pendant　　（11 春）

解　説

(1) Émilie vient (vers) midi.「エミリはお昼ごろ来ます」となり、versが入ります。
練習問題 1 (4)の選択肢で見たvers「～ころ」です。midi が「正午」ですから、時刻を表わす前置詞として使われています。à midi にすると「正午に」となり、きっかり昼の12時のことになりますが、vers を使えばおおよその時刻を伝えることになります。
vers は場所を示すときにも使います。La voiture roule **vers** le sud.「車は南に進んでいる」（『仏検公式基本語辞典』p.293）のように方向を示して「～のほうへ、～に向かって」を伝えます。
正解は③です。

(2) Le magasin est ouvert (jusqu'à) 22 heures.「その店は 22 時まで営業しています」となり、jusqu'à が入ります。

　jusque は前置詞 à とともに jusqu'à ～ の形で、「～まで」の意味で時刻や期日を示し、行為や状態が継続してつづいていることを伝えます。

　また Je t'accompagne **jusqu'à** la gare.「駅まで君を送るよ」のように場所を示して「～まで」の意味でも使います。

　正解は③です。

(3) Nous revenons (en) taxi.「私たちはタクシーでもどります」となり、en が入ります。

　交通手段を表わす前置詞が en です。**en** avion / **en** train / **en** voiture「飛行機で／列車で／車で」のように en は人がなかに乗りこむ乗りものに用います。自転車、オートバイ、馬のように人がまたがる乗りものには à (en) vélo / à moto / à cheval のように前置詞 à を用います。「徒歩で」は à pied です。

　正解は②になります。

(4) Je suis resté au lit (pendant) trois jours.「私は 3 日間ベッドに寝たままでした」となり、pendant が入ります。

　trois jours「3 日」の表現がありますから、pendant「～の間（に）」を用いて期間を表わします。en はあることに必要な時間や期間を表わして、J'ai fini mes devoirs en une heure.「宿題を 1 時間で終えた」のように使いますので該当しません。

　rester はここでは「いつづける」という意味で使われています。

　正解は③になります。

解　答　(1) ③　　(2) ③　　(3) ②　　(4) ③

練習問題 3

次の(1)〜(4)の(　)内に入れるのに最も適切なものを、それぞれ①〜③のなかから1つずつ選び、解答欄のその番号にマークしてください。

(1) Elle aura vingt ans (　　) un mois.

　　① dans　　　② entre　　　③ vers　　　（12 秋）

(2) J'ai pris le Shinkansen (　　) Osaka et Tokyo.

　　① dans　　　② entre　　　③ par　　　（13 秋）

(3) Ces baguettes sont (　　) bois.

　　① en　　　② entre　　　③ par　　　（12 春）

(4) Vous voulez votre café avec ou (　　) sucre ?

　　① à　　　② de　　　③ sans　　　（12 春）

解　説

(1) Elle aura vingt ans (dans) un mois.「彼女は1ヵ月後に20歳になります」となり、dans が入ります。

dans は時間や期間の表現とともに「〜後に」を表わします。**dans** une semaine「1週間後に」、**dans** un an「1年後に」のように用います。

dans は Il y a des arbres **dans** le jardin.「庭には木があります」（『仏検公式基本語辞典』p.74）のように空間的な位置を示して「〜のなかで」の意味でも使います。

正解は①です。

(2) J'ai pris le Shinkansen (entre) Osaka et Tokyo.「私は大阪−東京間を新幹線に乗りました」となり、entre が入ります。

71

entre は entre A et B の形で「A と B の間に」として使います。空間的な位置関係を表わすだけでなく、Je déjeune **entre** midi et une heure.「私は正午から 1 時の間に昼食をとる」(『仏検公式基本語辞典』p.101) のように時間的な使い方もあります。

　①dans は(1)で見ました。③par は Il va au cinéma une fois **par** semaine.「彼は週に 1 度映画を見に行く」(『仏検公式基本語辞典』p.202) のように単位を表わして「…あたり、…ごとに」の意味で使います。また On voit la mer **par** la fenêtre.「窓から海が見える」のように通過点や経由を表わして「〜から、〜を通って」の意味で使います。

　正解は②です。

(3) Ces baguettes sont (en) bois.「この箸は木製です」となり、en が入ります。

　en は様々な用法があります。[練習問題 1](3)では場所を表わす例を見ました。[練習問題 2](3)では交通手段を表わす使い方でした。ここでは材質を表わして「〜でできた」を伝える用法です。sac **en** papier で「紙袋」(『仏検公式基本語辞典』p.98) です。そのほかに時間的な用法として **en** 2015「2015年に」、**en** avril「4 月に」のように年号や月を表わします。

　正解は①です。

(4) Vous voulez votre café avec ou (sans) sucre ?「あなたは砂糖入りのコーヒーがよろしいですか、それとも砂糖なしですか」となり、sans が入ります。

　Je prends le café **sans** sucre.「私は砂糖なしでコーヒーを飲みます」や On va commencer **sans** lui.「彼なしに始めましょう」(『仏検公式基本語辞典』p.255) のように sans のあとに名詞や強勢形の人称代名詞を用いる使い方だけでなく、sans のあとに不定詞を用いて Il est parti **sans** dire un mot.「彼はひと言も言わずに出ていった」のような使い方もあります。

　正解は③です。

[解　答]　(1) ①　　(2) ②　　(3) ①　　(4) ③

4級の傾向と対策　筆記試験 7

7 　　フランス語の短文が6つ示されています。短文の下に提示されている9枚のイラストから、この6つの短文の内容に一致する場面を選択する問題です。配点6。

　短文を読み、その内容を表現している絵を選びます。平易な構造の文を通して、単語の知識がためされます。
　短文の内容は、食事をとる、テレビを見る、料理をする、散歩をする、買い物をする、道を教える、といった日常生活のさまざまな場面を伝える表現が中心です。語彙の知識もこの範囲のものをしっかり身につけておきましょう。

練習問題 1

次の(1)〜(6)に最もふさわしい絵を、下の①〜⑨のなかから1つずつ選び、解答欄のその番号にマークしてください。ただし、同じものを複数回用いることはできません。

(1) Jean attend le bus avec ses amis.
(2) Jean court avec son chien.
(3) Jean dîne avec ses amis.
(4) Jean lave ses chaussures de sport.
(5) Jean prend une douche.
(6) Jean prépare le repas.

(14 春)

[解説]

(1) Jean attend le bus avec ses amis.「ジャンは友だちとバスを待っている」ですから、人物が数人いる②の停留所のイラストが正解です。attendre は「待つ」です。⑦も男性が何かを待っているように見えますが、バス停に見えませんし、ひとりですので avec ses amis「友だちと」が絵に反映されていません。

(2) Jean court avec son chien.「ジャンは自分の犬と走っています」ですから、⑥のイラストが正解です。①のイラストにも男性と犬が描かれていますが、走っていません。court は動詞 courir「走る」の3人称単数の活用形です。

(3) Jean dîne avec ses amis.「ジャンは友だちと夕食をとっています」ですから、食事をしている④のイラストが正解です。dîne は動詞 dîner「夕食をとる」の3人称単数の活用形です。dîner は名詞としても用います。男性名詞ですから Je prends le dîner.「私は夕食をとります」のように使います。

(4) Jean lave ses chaussures de sport.「ジャンは自分のスポーツシューズを洗っています」ですから、男性が靴を洗っている⑤のイラストが正解です。laver ~ で「~を洗う」です。1足の靴は複数形 chaussures で表わします。

(5) Jean prend une douche.「ジャンはシャワーを浴びている」ですから、⑨のイラストが正解です。③はシャワーで浴槽を洗っている絵ですから該当しません。「風呂に入る」も動詞は prendre を用いて Elle prend un bain.「彼女は風呂に入る」(『仏検公式基本語辞典』p.27) となります。

(6) Jean prépare le repas.「ジャンは食事の用意をしています」ですから、料理を作っている⑧のイラストが正解です。le repas が「食事」、préparer が「準備する」です。

[解答] (1) ②　(2) ⑥　(3) ④　(4) ⑤　(5) ⑨　(6) ⑧

練習問題 2

次の(1)〜(6)に最もふさわしい絵を、下の①〜⑨のなかから1つずつ選び、解答欄のその番号にマークしてください。ただし、同じものを複数回用いることはできません。

(1) Sabine a besoin de dormir.
(2) Sabine arrive en retard.
(3) Sabine fait sa toilette.
(4) Sabine n'est pas sûre de son chemin.
(5) Sabine prend une boisson fraîche.
(6) Sabine va se marier.

(13 春)

解 説

(1) Sabine a besoin de dormir.「サビーヌは眠ることが必要だ」ですから、女性があくびをしている⑨のイラストが正解です。avoir besoin de ~ は「~を必要とする」です。dormir は「眠る」、se coucher は「寝る、床につく」です。違いに気をつけましょう。

(2) Sabine arrive en retard.「サビーヌは遅れて到着する」ですから、女性が遅れて教室に入ろうとしている⑦のイラストが正解です。男性名詞 retard「遅れ」は、en retard で「遅刻して」の意味になります。

(3) Sabine fait sa toilette.「サビーヌは洗面する」ですから、女性が洗面台で顔をふいている③のイラストが正解です。faire sa toilette で「身づくろいをする、洗面（化粧）をする」です。

(4) Sabine n'est pas sûre de son chemin.「サビーヌは自分の（歩いている）道に自信がない」ですから、女性が地図を見て不安そうにしている①のイラストが正解です。être sûr(e) de ~ は Il est sûr de réussir.「彼は合格する自信がある」のように「~を確信している、自信がある」の意味になります。

(5) Sabine prend une boisson fraîche.「サビーヌは冷たい飲みものを飲んでいる」ですから、女性がグラスを持っている⑤のイラストが正解です。女性名詞 boisson は「飲みもの」を表わし、形容詞 fraîche は frais の女性形で boisson を修飾しています。意味は「冷たい、新鮮な」です。

(6) Sabine va se marier.「サビーヌはもうじき結婚する」ですから、女性がウエディングドレスを試着している④のイラストが正解になります。se marier は「結婚する」です。

解 答　(1) ⑨　(2) ⑦　(3) ③　(4) ①　(5) ⑤　(6) ④

練習問題 3

次の(1)～(6)に最もふさわしい絵を、下の①～⑨のなかから1つずつ選び、解答欄のその番号にマークしてください。ただし、同じものを複数回用いることはできません。

(1) Catherine choisit un vieux tableau.
(2) Catherine conduit mal.
(3) Catherine donne sa place à une femme.
(4) Catherine ouvre le paquet.
(5) Catherine présente son mari à ses amis.
(6) Catherine rend les livres à la bibliothèque.

(12 春)

4級の傾向と対策　筆記試験 7

[解　説]
(1) Catherine choisit un vieux tableau.「カトリーヌは古い絵を選んでいます」ですから、女性が手に額縁に入った絵をもっている④のイラストが正解です。tableau は「絵」のことですが、tableau noir は「黒板」のことです。

(2) Catherine conduit mal.「カトリーヌは運転がへたです」なので⑦のイラストが正解です。conduit の原形は conduire で意味は「（車を）運転する」です。mal の反対語 bien を用いて conduire bien にすると「じょうずに運転する、運転がじょうずである」になります。

(3) Catherine donne sa place à une femme.「カトリーヌは女性に席をゆずります」ですから⑤のイラストが正解です。place はここでは「座席」の意味です。sa place ですから自分の（座っていた）席のことです。

(4) Catherine ouvre le paquet.「カトリーヌは小包を開けている」ですから、①のイラストが正解です。ouvre の原形は ouvrir です。「（窓などを）開ける、（店などが）開店する」の意味で使う動詞です。反対語は fermer です。

(5) Catherine présente son mari à ses amis.「カトリーヌは夫を友だちに紹介しています」ですから、⑨のイラストが正解です。présenter A à B で「A を B に紹介する」になります。

(6) Catherine rend les livres à la bibliothèque.「カトリーヌは図書館に本を返却しています」ですから、②のイラストが正解です。rend の原形は rendre で、rendre A à B で「A を B に返す」となります。

[解　答]　(1) ④　　(2) ⑦　　(3) ⑤　　(4) ①　　(5) ⑨　　(6) ②

8 　会話を読んで、6つの日本語の文がその内容に一致しているかどうかを答える問題です。配点6。

　10〜15行程度の会話を読み、日本語で書かれた6つの文がその会話の内容に一致しているかどうかを判断します。会話の話題は、6つの日本語の文を読むことである程度推測されるはずです。また2人の話者がどのような間柄であるかがわかると会話の流れがつかみやすくなることもあります。

練習問題 1

次の会話を読み、下の(1)～(6)について、会話の内容に一致する場合は解答欄の①に、一致しない場合は②にマークしてください。

Léa : Tu sais ? Il y a une nouvelle boulangerie près de chez nous.
Fabien : C'est où ?
Léa : Juste en face de la poste.
Fabien : Ah bon ? Je ne savais pas.
Léa : Ce matin, quand je suis passée devant le magasin, il y avait beaucoup de gens.
Fabien : Tu as acheté quelque chose ?
Léa : Non. Mais les sandwichs avaient l'air très bons.
Fabien : Alors, on va prendre deux sandwichs pour le déjeuner ?
Léa : Pourquoi pas ? Il est déjà une heure et j'ai faim.

(1) ファビアンは新しいパン屋の場所を知らなかった。
(2) 新しいパン屋は郵便局の向かいにある。
(3) レアがけさ新しいパン屋の前を通ったとき、店にはあまり人がいなかった。
(4) レアはけさ新しいパン屋でバゲットを買った。
(5) ファビアンは昼食にサンドイッチを食べることを提案している。
(6) レアとファビアンが話をしているのは正午前である。　　（14 秋）

解　説

(1)「ファビアンは新しいパン屋の場所を知らなかった」については、レアが Il y a une nouvelle boulangerie près de chez nous.「私たちの家の近くに新しいパン屋があるのよ」（1〜2行目）と言ったことに対してファビアンは C'est où ?「それはどこだい」と場所を尋ねています。新しいパン屋の場所を知りませんから会話の内容に一致しています。

正解は①です。

(2)「新しいパン屋は郵便局の向かいにある」は、ファビアンから新しいパン屋の場所を尋ねられたレアが Juste en face de la poste.「郵便局の真向かいよ」（4行目）と答えていますから、会話の内容に一致しています。

正解は①です。

(3)「レアがけさ新しいパン屋の前を通ったとき、店にはあまり人がいなかった」については、レアが Ce matin, quand je suis passée devant le magasin, il y avait beaucoup de gens.「けさ、私がお店の前を通ったとき、たくさんの人がいたわ」（6〜7行目）と説明していますので、会話の内容に一致しません。

正解は②です。

(4)「レアはけさ新しいパン屋でバゲットを買った」については、ファビアンから Tu as acheté quelque chose ?「君は何か買ったの」（8行目）と聞かれて、レアの答えは Non.「いいえ」（9行目）です。何も買っていませんので会話の内容に一致しません。

正解は②です。

(5)「ファビアンは昼食にサンドイッチを食べることを提案している」については、レアが何も買わなかったけど「サンドイッチがとてもおいしそうだった」les sandwichs avaient l'air très bons（9行目）と言ったことに対して、ファビアンは Alors, on va prendre deux sandwichs pour le déjeuner ?「じゃあ、昼食にサンドイッチを2つ買いにいこうか」と提案しています。会話の内容に一致しています。

正解は①です。

(6)「レアとファビアンが話をしているのは正午前である」については、ファビアンのサンドイッチを買いにいく提案に、レアが Pourquoi pas ? Il est déjà une heure et j'ai faim.「いいんじゃない。もう1時だし、お腹もすいたわ」（最終行）と答えています。ふたりが話しているのは正午前ではありませんから会話の内容に一致していません。

正解は②です。

|解　答|　(1) ①　　(2) ①　　(3) ②　　(4) ②　　(5) ①　　(6) ②

練習問題 2

デュラン氏と窓口の係員 (employée) の会話を読み、下の(1)〜(6)について、会話の内容に一致する場合は解答欄の①に、一致しない場合は②にマークしてください。

Monsieur Durand : Bonjour madame.

L'employée : Bonjour monsieur. C'est pour visiter le jardin ?

Monsieur Durand : Oui. Et le château aussi.

L'employée : Le château est fermé jusqu'à la fin de l'année. Mais la boutique est ouverte. Vous pouvez y acheter des guides* et des livres sur le château et le jardin.

Monsieur Durand : Bon. Et pour le jardin, c'est combien ?

L'employée : Deux euros par personne.

Monsieur Durand : Alors, trois entrées, s'il vous plaît. Est-ce qu'il y a un restaurant dans le jardin ?

L'employée : Il est ouvert seulement le week-end. Mais il y a un café qui vend des sandwichs.

Monsieur Durand : Très bien.

L'employée : Voici vos billets. L'entrée est là-bas, à côté de la boutique.

Monsieur Durand : Merci, madame.

*guide：ガイドブック

(1) 城は現在見学できない。
(2) 城の案内書は売っていない。
(3) 庭園の見学は無料である。
(4) デュラン氏はひとりで見学に来た。
(5) 庭園の飲食店は営業していない。
(6) 見学者の入り口は売店の横にある。　　　　　　　　　　　（12春）

解説

(1)「城は現在見学できない」については、係員が Le château est fermé jusqu'à la fin de l'année.「城は年末まで閉館しています」（5〜6行目）と言っていますから、会話の内容に一致します。

正解は①です。

(2)「城の案内書は売っていない」については、城は閉館しているが Mais la boutique est ouverte. Vous pouvez y acheter des guides et des livres sur le château et le jardin.「売店は営業していて、そこで城と庭園に関するガイドブックや書籍を買うことができます」（6〜8行目）と係員が言っています。案内書は売っていますから、会話の内容に一致しません。

正解は②です。

(3)「庭園の見学は無料である」は、デュラン氏が庭園の入園料を尋ねたとき Et pour le jardin, c'est combien ?「庭園はいくらですか」（9行目）、係員が Deux euros par personne.「ひとり2ユーロです」（10行目）と答えています。無料ではありませんから、会話の内容に一致しません。

正解は②です。

(4)「デュラン氏はひとりで見学に来た」については、デュラン氏が入園料を尋ねたあとに Alors, trois entrées, s'il vous plaît.「では入園券を3枚ください」（11行目）と言っています。ひとりではありませんから、会話の内容に一致しません。

正解は②です。

85

(5)「庭園の飲食店は営業していない」については、デュラン氏から Est-ce qu'il y a un restaurant dans le jardin ?「庭園にはレストランがありますか」（下から9〜8行目）と尋ねられて、係員が Il est ouvert seulement le week-end. Mais il y a un café qui vend des sandwichs.「レストランは週末しか営業していませんが、サンドイッチを売っているカフェがあります」（下から7〜5行目）と答えています。営業している飲食店はありますから、会話の内容に一致しません。
　正解は②です。

(6)「見学者の入り口は売店の横にある」は、係員が L'entrée est là-bas, à côté de la boutique.「入り口はあちらです、売店の横です」（下から3〜2行目）と言っていますから、会話の内容に一致します。
　正解は①です。

[解答] (1) ①　(2) ②　(3) ②　(4) ②　(5) ②　(6) ①

練習問題 3

次の会話を読み、下の(1)〜(6)について、会話の内容に一致する場合は解答欄の①に、一致しない場合は②にマークしてください。

Olivier : Tu as des nouvelles de Jean ?
Thomas : Oui. J'ai reçu un mail* la semaine dernière.
Olivier : Alors, il est déjà au Japon ?
Thomas : Non. Avant d'aller au Japon, il passe quelques jours en Chine.
Olivier : Pourquoi ?
Thomas : C'est pour voir ses amis français qui travaillent là-bas.
Olivier : Qu'est-ce qu'ils font ?
Thomas : Ils sont professeurs de français comme Jean.
Olivier : Et Jean, quand est-ce qu'il commence son travail au Japon ?
Thomas : Dans un mois, début avril.

*mail : e メール

(1) トマはきのうジャンからメールを受け取った。
(2) ジャンは日本に行ってから中国に行く。
(3) ジャンは中国に1年間滞在する。
(4) ジャンには中国で働いているフランス人の友人がいる。
(5) ジャンはフランス語の教師である。
(6) トマとオリビエが話しているのは4月初旬である。　　(11秋)

解 説

(1)「トマはきのうジャンからメールを受け取った」については、オリビエから Tu as des nouvelles de Jean ?「ジャンから便りがある？」（1行目）と聞かれてトマが Oui. J'ai reçu un mail la semaine dernière.「うん。先週メールを受け取ったよ」（2行目）と答えています。「きのう」hier ではなく「先週」la semaine dernière のことですから、会話の内容に一致しません。

正解は②です。

(2)「ジャンは日本に行ってから中国に行く」については、オリビエから Alors, il est déjà au Japon ?「それじゃ、彼はすでに日本にいるの？」（3行目）と聞かれて、トマが Non. Avant d'aller au Japon, il passe quelques jours en Chine.「ちがうよ。日本に行く前に彼は中国で数日過ごすんだ」（4〜5行目）と答えています。〈avant de＋不定詞〉「〜する前に」の表現がポイントです。ジャンは中国に行ってから日本に行きますから、会話の内容に一致しません。

正解は②です。

(3)「ジャンは中国に1年間滞在する」については、(2)で見たようにトマがジャンのことを「日本に行く前に中国で数日過ごす」と説明していますから会話の内容に一致しません。

quelques jours は「数日」、1年間は une année または un an です。

正解は②です。

(4)「ジャンには中国で働いているフランス人の友人がいる」についてはどうでしょう。ジャンが中国で数日過ごすことを知ったオリビエはその理由 Pourquoi ?（6行目）をトマに尋ねています。トマがその理由を C'est pour voir ses amis français qui travaillent là-bas.「向こうで（中国で）働いている彼のフランス人の友だちに会うためなんだ」（7〜8行目）と説明していますから、中国にフランス人の友人がいます。会話の内容と一致します。

là-bas「あちらに（で）」は、en Chine「中国に（で）」の繰り返しを避けるために使われていることがポイントです。

正解は①です。

(5)「ジャンはフランス語の教師である」はどうでしょう。オリビエが Qu'est-ce qu'ils font ?「彼らは何をしているの」（下から5行目）と、ジャンの友人の職業を尋ねるとトマは Ils sont professeurs de français comme Jean.「彼らはジャンと同じくフランス語の教師なんだ」（下から4行目）と答えています。ジャンがフランス語の教師であることがわかりますから、会話の内容に一致しています。

comme ~ はここでは「~のように、~と同じく」の意味です。

正解は①です。

(6)「トマとオリビエが話しているのは4月初旬である」については、オリビエが Et Jean, quand est-ce qu'il commence son travail au Japon ?「それでジャンはいつ日本で仕事を始めるの」（下から3~2行目）と尋ねたことに対して Dans un mois, début avril.「1ヵ月後の、4月の初めなんだ」と答えています。オリビエとトマが話しているときから1ヵ月先の、4月の初めのことですから、2人が話しているのは3月の初めになります。会話の内容に一致していません。

dans un mois の前置詞 dans は、ここでは「~後に」の使い方です。

正解は②です。

[解　答] (1) ②　　(2) ②　　(3) ②　　(4) ①　　(5) ①　　(6) ②

聞き取り試験

1 4つのフランス語の文をそれぞれ3回ずつ聞き、6枚のイラストのなかから各文の内容に一致するものを選択する問題です。配点8。

　レストラン、ホテル、駅、お店、郵便局などで使う表現や、天候に関する表現、道を尋ねたり、教えたりする表現など、日常生活で使われる平易な文を聞き取ります。フランス語を正しく聞き取っているか、その文の意味が理解されているかがためされます。

　聞き取り問題に正解できるには、ふだんからフランス語の音に慣れておく必要があります。そのためにはフランス語の文をまず自分で正しく発音できるように繰り返し音読の練習をしてください。教材などについているCDを有効に活用してネイティブの音に慣れておきましょう。

　発音記号の仮名表記については p.13 を参照してください。

4級の傾向と対策　聞き取り試験 1

練習問題 1

- フランス語の文(1)〜(4)を、それぞれ3回ずつ聞いてください。
- それぞれの文に最もふさわしい絵を、下の①〜⑥のなかから1つずつ選び、解答欄のその番号にマークしてください。
（メモは自由にとってかまいません）

〈CDを聞く順番〉 ❶ ⇨ ❷

(1)

(2)

(3)

(4)

①　②　③

④　⑤　⑥

（14 春）

（読まれる文）

(1) Dépêchons-nous.
(2) Qu'est-ce que tu as ?
(3) Nous sommes deux.
(4) Je peux essayer ?

解説

(1)「急ぎましょう」と言っていますから、雨の中を傘なしで走っている③の母親のことばです。「急ぐ」は代名動詞の se dépêcher を使います。母親が自分をふくめて子どもたちに言っていますから nous に対する命令形です。
　正解は③です。

(2)「どうしたの」と言っていますから、母親がお腹の痛そうな娘に話している⑤のイラストです。動詞 avoir は、ここでは体や心の状態になにかあることを伝えています。「熱がある」なら J'ai de la fièvre. となり、「お腹が痛い」であれば J'ai mal au ventre. です。Qu'est-ce que tu as ? は「(具合の悪い)何をもっているのか」から「どうしたの」となります。
　正解は⑤です。

(3)「2名です」と言っていますから、女性が店の男性に指で2を示している②のイラストです。Vous êtes combien ?「何名さまですか」の答えが Nous sommes deux (trios...).「2（3…）名です」です。
　正解は②です。

(4)「試着できますか」と尋ねていますから、女性が服を指差して店員に話している④のイラストです。essayer「試みる、ためす」は「服を試着する」意味でも使います。Je peux ~ ? はここでは「～できますか、～してもいいですか」の意味で、許可を求めるニュアンスを伝えています。
　正解は④です。

解答　(1) ③　(2) ⑤　(3) ②　(4) ④

4級の傾向と対策　聞き取り試験 ①

練習問題 2

・フランス語の文(1)～(4)を、それぞれ 3 回ずつ聞いてください。
・それぞれの文に最もふさわしい絵を、下の①～⑥のなかから 1 つずつ選び、解答欄のその番号にマークしてください。ただし、同じものを複数回用いることはできません。
（メモは自由にとってかまいません）

〈CD を聞く順番〉 💿 ❸ ⇨ 💿 ❹

(1)

(2)

(3)

(4)

① ② ③

④ ⑤ ⑥

（13 秋）

（読まれる文）

---
(1) Je suis désolée.
(2) Et avec ça ?
(3) Je vous dois combien ?
(4) Bon appétit.

解説

(1)「ごめんなさい」と言っていますから、女性があやまっている③のイラストです。形容詞 désolé(e) は「申し訳なく思っている」ことを伝えます。
　正解は③です。

(2)「ほかには何を差し上げましょうか」と言っていますから、客に野菜を渡している女性店員のことばです。②のイラストになります。Et avec ça ? は「そしてそれといっしょに」何を買うかを尋ねる定型表現です。
　正解は②です。

(3)「おいくらですか」と言っていますから、タクシーの乗客が運転手に話している④のイラストです。動詞は devoir A à B で「A を B に支払う義務がある」の使い方です。vous は à B にあたる間接目的語の代名詞「あなたに」です。A が combien「どれだけ、いくら」にあたります。「あなたにいくら支払うべきですか」を伝えます。値段を尋ねる表現には C'est combien ? がありますが、タクシーでは Je vous dois combien ? が使われます。
　正解は④です。

(4)「たっぷり召し上がってください」と言っています。食事をする人に言う表現ですから、ウェイトレスに吹き出しのついた①のイラストです。appétit「食欲」に形容詞 bon「よい」をつけて bon appétit「よい食欲を」の意味です。食事をする人がたくさん食べられるように願う表現です。
　正解は①です。

解 答　(1) ③　　(2) ②　　(3) ④　　(4) ①

4級の傾向と対策　聞き取り試験 １

> 練習問題 3

- フランス語の文(1)〜(4)を、それぞれ3回ずつ聞いてください。
- それぞれの文に最もふさわしい絵を、下の①〜⑥のなかから1つずつ選び、解答欄のその番号にマークしてください。
  （メモは自由にとってかまいません）

〈CDを聞く順番〉 💿 ❺ ⇨ 💿 ❻

(1)

(2)

(3)

(4)

① ② ③

④ ⑤ ⑥

（12 春）

（読まれる文）

(1) On s'assoit là ?
(2) Quelle chaleur !
(3) C'est trop large.
(4) Vous voulez manger ici ?

解説

(1)「そこにすわりましょうか」と言っています。主語 on が「私たちは」を表わしますから、カップルの女性が座席を指しているイラストです。動詞は代名動詞 s'asseoir です。主語 on には 3 人称単数の活用形（P.51 参照）を用います。
⑥が正解です。

(2)「なんて暑いんでしょう」と言っていますから、ベンチで暑そうにしている女性のイラストです。疑問形容詞 quel / quelle / quels / quelles で感嘆文を作ることができます。名詞の性と数に一致する形を用いて「なんと～だ」を伝えます。名詞に形容詞をつけて Quelle belle fleur !「なんてきれいな花なんでしょう」（『仏検公式基本語辞典』p.233）のように表現することもあります。chaleur「暑さ」は女性名詞単数ですから quelle を使います。
⑤が正解です。

(3)「大きすぎるわ」と言っていますから、大きめなドレスを試着しているイラストです。large は「（衣服などが）ゆったりした、（川などの）幅が広い」を、副詞 trop は「あまりに～」を表わします。
③が正解です。

(4)「こちらでお召しあがりですか」と言っていますから、ファーストフードの店員に吹き出しのあるイラストです。
④が正解です。

解答　(1) ⑥　(2) ⑤　(3) ③　(4) ④

2 4つのフランス語の質問をそれぞれ3回ずつ聞き、各質問に2つずつ用意された選択肢から、応答としてふさわしい表現を選ぶ問題です。配点8。

聞き取る質問文は、疑問代名詞、疑問形容詞、疑問副詞をふくむ疑問文が中心です。さまざまな疑問詞の違いを音で判別できること、またそれぞれの疑問詞が使われている質問に適切に答えられることが求められます。

疑問詞のない疑問文には、oui、non、si を正しく使い分けて答えられるようにしておきましょう。

疑問代名詞

「人」について尋ねる　　　　　　　　　　　Ⓢ：主語　Ⓥ：動詞
Qui + Ⓥ ? / Qui est-ce qui + Ⓥ ?「だれが〜」
Qui + Ⓥ + Ⓢ ? / Qui est-ce que + Ⓢ + Ⓥ ? / Ⓢ + Ⓥ + qui ?「だれを〜」
Qui est-ce ? / C'est qui ?「だれですか」
前置詞 + qui + Ⓥ + Ⓢ ? / 前置詞 + qui est-ce que + Ⓢ + Ⓥ ? / Ⓢ + Ⓥ + 前置詞 + qui ?「だれに（と、について…）〜」

「もの、事柄」について尋ねる
Qu'est-ce qui + Ⓥ ?「何が〜」
Que + Ⓥ + Ⓢ ? / Qu'est-ce que + Ⓢ + Ⓥ ? / Ⓢ + Ⓥ + quoi ?「何を〜」
Qu'est-ce que c'est ? / C'est quoi ?「これは何ですか」
前置詞 + quoi + Ⓥ + Ⓢ ? / 前置詞 + quoi est-ce que + Ⓢ + Ⓥ ? / Ⓢ + Ⓥ + 前置詞 + quoi ?「何に（で、について…）〜」

疑問形容詞

関係する名詞の性・数に一致し、名詞の内容が「何」であるかを尋ねる。
quel　（男性・単数）　　　　quelle　（女性・単数）
quels　（男性・複数）　　　　quelles（女性・複数）

疑問副詞

Où + Ⓥ + Ⓢ ? / Où est-ce que + Ⓢ + Ⓥ ? / Ⓢ + Ⓥ + où ?
「どこに（へ）〜」
quand　「いつ」　　　　comment「どのように」
combien「どれだけ」　　pourquoi「なぜ」

練習問題 1

- フランス語の質問(1)〜(4)を、それぞれ3回ずつ聞いてください。
- (1)〜(4)の質問に対する応答として適切なものを、それぞれ①、②から選び、解答欄のその番号にマークしてください。
（メモは自由にとってかまいません）
〈CDを聞く順番〉 ◎ ❼ ⇨ ◎ ❽

(1) ① Avec sa famille.
　　② Mercredi prochain.

(2) ① C'est Cécile, une amie.
　　② C'est le sac de Cécile.

(3) ① Il est deux heures moins dix.
　　② Il faut une heure et demie.

(4) ① Oui, depuis cette année.
　　② Oui, elle est trop petite.

(14春)

（読まれる質問）

(1) Quand est-ce qu'il arrive ?
(2) Qui est-ce ?
(3) Quelle heure est-il ?
(4) Marie va déjà à l'école ?

解説

(1)「彼はいつ到着しますか」と尋ねています。① Avec sa famille. は「彼の家族といっしょに」ですから、「だれといっしょに」avec qui ? の質問に

対する返答です。quand ?「いつ」が質問ですから②Mercredi prochain.「来週の水曜日に」となります。
　正解は②です。

(2)「これ（あれ）はだれですか」と人について尋ねています。①C'est Cécile, une amie.「友だちのセシルです」が返答になります。②C'est le sac de Cécile.「これ（あれ）はセシルのバッグです」は Qu'est-ce que c'est ?「これ（あれ）はなんですか」の質問に対する答えです。
　正解は①です。

(3)「何時ですか」と時刻を尋ねています。①は Il est deux heures moins dix.「2時10分前です」から質問の返答になります。②Il faut une heure et demie.「1時間半かかります」には、時間の表現がありますが、時刻を伝えているのではありません。il faut ~「~が必要である」の表現が使われています。非人称主語 il を主語にした非人称動詞 falloir の直説法現在です。時刻のときは il est ~ を使います。
　正解は①です。

(4)「マリはもう小学校に行っていますか」と尋ねています。①は Oui, depuis cette année.「はい、今年から」と答えていますから、質問の返答になります。②は Oui, elle est trop petite.「はい、彼女は小さすぎます」ですから返答になりません。前置詞 depuis「~から」がポイントです。
　正解は①です。

解答　(1) ②　　(2) ①　　(3) ①　　(4) ①

練習問題 2

・フランス語の質問(1)～(4)を、それぞれ 3 回ずつ聞いてください。
・(1)～(4)の質問に対する応答として適切なものを、それぞれ①、②から選び、解答欄のその番号にマークしてください。
（メモは自由にとってかまいません）
〈CD を聞く順番〉 🔊❾ ⇨ 🔊❿

(1) ① Avec plaisir.
　　② En train.

(2) ① C'est Léo.
　　② C'est une chanson française.

(3) ① Ils viennent d'Italie.
　　② Ils viennent en Italie.

(4) ① Oui, ce matin.
　　② Oui, la semaine prochaine.

(13 秋)

（読まれる質問）

(1) Tu vas comment à Paris ?
(2) Qui va chanter ?
(3) D'où viennent ces chocolats ?
(4) Vous avez vu Marie ?

|解　説|

(1)「どうやってパリに行くの」と尋ねています。②En train.「列車で」が交通手段を伝えていますから質問の答えになります。「飛行機で」は en avion、

「車で」は en voiture です。① Avec plaisir.「喜んで」は何か誘われたり、勧められたときに承諾の意志を伝える表現です。
　正解は②です。

(2)「だれが歌いますか」と尋ねています。選択肢は2つとも提示の表現 C'est ~ が使われています。人を示す①C'est Léo.「レオです」が答えです。男性の名前です。②C'est une chanson française.「これはフランスの歌です」は答えになりません。
　正解は①です。

(3)「これらのチョコレートはどこからきたものですか」は、チョコレートの産地を尋ねています。venir de ~ で「～から来る、～出身である、～産である」の意味で用います。「～から」を表わす前置詞 de がポイントです。①Ils viennent d'Italie.「それらはイタリア産です（イタリアから来ている）」が答えになります。②Ils viennent en Italie. は前置詞が en ですから「彼らはイタリアに来る」の意味になります。
　正解は①です。

(4)「あなたはマリに会いましたか」と尋ねています。動詞 voir ~「～に会う、～を見る」が複合過去で使われていますから、過去の事柄について尋ねています。①Oui, ce matin.「はい、けさ」が答えになります。②Oui, la semaine prochaine.「はい、来週」は現在形や未来の時制で、Vous voyez (Tu vois) Marie ? / Vous allez (Tu vas) voir Marie ? のような、これからマリに会うことを尋ねられたときの答えです。
　正解は①です。

解　答　(1) ②　　(2) ①　　(3) ①　　(4) ①

練習問題 3

・フランス語の質問(1)〜(4)を、それぞれ3回ずつ聞いてください。
・(1)〜(4)の質問に対する応答として適切なものを、それぞれ①、②から選び、解答欄のその番号にマークしてください。
（メモは自由にとってかまいません）
〈CDを聞く順番〉 🎧 ⓫ ⇨ 🎧 ⓬

(1) ① Au fond du couloir.
　　② Près de Nagoya.

(2) ① Dans cinq minutes.
　　② Il y a deux ans.

(3) ① Il fait du foot.
　　② Il fait la cuisine.

(4) ① Oui, un peu.
　　② Si, j'adore.

(12春)

（読まれる質問）

(1) Où est l'ascenseur ?
(2) À quelle heure arrive le train de Paris ?
(3) Qu'est-ce qu'il fait comme sport ?
(4) Vous n'aimez pas lire ?

解説

(1)「エレベーターはどこですか」と尋ねています。① Au fond du couloir.「廊下の奥に」はエレベーターの場所を答えています。② Près de Nagoya.「名

古屋の近くに」ではエレベーターの場所になりません。①には定冠詞 le との縮約形が2つ使われています。au (à + le) と du (de + le) です。前置詞 à はここでは「〜に」で場所を示し、de は2つの名詞をつないで「〜の」です。fond「奥」も couloir「廊下」も4級レベルの語彙です。Votre chambre est au fond du couloir.「お部屋は廊下の奥でございます」(『仏検公式基本語辞典』p.66)

　正解は①です。

(2)「パリ発の列車は何時に到着しますか」と尋ねています。① Dans cinq minutes.「5分後に」が質問の答えになります。ポイントは前置詞 dans の使い方です。ここでは時間を伝え、「(今から) 〜後に」の意味で使われています。② Il y a deux ans. は「2年前に」ですから返答になりません。il y a 〜 は「〜がある」の意味で用いますが、前置詞句として「(今から) 〜前に」を表わします。

　正解は①です。

(3)「彼はスポーツは何をしていますか」と尋ねています。① Il fait du foot.「彼はサッカーをしています」が質問の答えになります。②は Il fait la cuisine.「彼は料理をしています」です。comme は「〜として」の意味で、「スポーツとして何をしていますか」のほかにも Qu'est-ce que vous prenez comme boisson ?「飲みものは何にいたしますか」(『仏検公式基本語辞典』p.57) のような使い方をします。

　正解は①です。

(4)「あなたは読書(本を読むこと)が好きではないのですか」と尋ねています。否定疑問文ですから、答えが「はい、好きではありません」なら Non, je n'aime pas lire. です。「いいえ、好きです」なら、Si, j'aime lire. です。①は Oui, un peu.「はい、少し」です。日本語としてはこの質問の答えになりそうですが、否定疑問文には oui で答えません。② Si, j'adore. は si を用いていますから、否定疑問への返答になり、「いいえ、大好きです」と訳します。

　正解は②です。

解　答　(1) ①　　(2) ①　　(3) ①　　(4) ②

3　数をふくむ４つの短文をそれぞれ３回ずつ聞き、聞き取った文中の数を解答欄の数字にマークする問題です。配点８。

　文には二桁の数がふくまれています。数は年齢、値段、時間、番地、人数、部屋番号などを表わすものです。単に数だけを聞き取るのではありません。文のなかに使われている数を聞き分けることが求められています。

　99までの数をしっかり覚えておくことは言うまでもありませんが、この問題に正しく解答できるには、名詞とのつながりで起こるアンシェヌマンやリエゾンの音をきちんと聞き取れるようにしておかなければなりません。時刻や年齢の表現とともに数を発音して、アンシェヌマンやリエゾンをするときの音の違いに慣れておきましょう。

　1～10までの数詞で、母音または無音のhで始まる単語がつづく場合とそうでない場合の音の違いは次のようになります。

1：un　　　[ɛ̃ / œ̃ アン] と発音する。次に母音または無音のhで始まる語がくるとnの音を発音してリエゾンする。
　　　　　un ami [ɛ̃nami / œ̃nami アンナミ]

　：une　　[yn ユヌ] と発音する。次に母音または無音のhで始まる語がくるとアンシェヌマンする。une école [ynekɔl ユネコル]

2：deux　　[dø ドゥ] と発音する。次に母音または無音のhで始まる語がくるとxを [z ズ] と発音してリエゾンする。
　　　　　deux heures [døzœːr ドゥズーる]

3：trois　　[trwɑ トろワ] と発音する。次に母音または無音のhで始まる語がくるとsを [z ズ] と発音してリエゾンする。
　　　　　trois heures [trwɑzœːr トろワズーる]

4：quatre　[katr カトる] と発音する。次に母音または無音のhで始まる語がくるとアンシェヌマンする。
　　　　　quatre heures [katrœːr カトるー る]

5：cinq　　[sɛ̃k サンク] と発音する。次に母音または無音の h で始まる語がくるとアンシェヌマンする。
cinq heures [sɛ̃kœːr サンクール]
子音で始まる語がくると [sɛ̃ サン] と発音することが多い。
cinq livres [sɛ̃liːvr サンリーヴる / sɛ̃kliːvr サンクリーヴる]

6：six　　　[sis スィス] と発音する。次に母音または無音の h で始まる語がくると [siz スィズ] の音になる。
six heures [sizœːr スィズール]
子音で始まる語がくると [si スィ] の音になる。
six livres [siliːvr スィリーヴる]

7：sept　　[sɛt セット] と発音する。次に母音または無音の h で始まる語がくるとアンシェヌマンする。
sept heures [sɛtœːr セットゥール]

8：huit　　[ɥit ユイット] と発音する。次に母音または無音の h で始まる語がくるとアンシェヌマンする。
huit heures [ɥitœːr ユイットゥール]
子音で始まる語がくると [ɥi ユイ] と発音する。
huit livres [ɥiliːvr ユイリーヴる]

9：neuf　　[nœf ヌフ] と発音する。次に年齢を表わす ans と時刻の heures がつづく場合だけ、[f フ] は [v ヴ] と発音する。
neuf ans [nœvɑ̃ ヌヴァン]　neuf heures [nœvœːr ヌヴール]

10：dix　　[dis ディス] と発音する。次に母音または無音の h で始まる語がくると [diz ディズ] の音になる。
dix heures [dizœːr ディズール]
子音で始まる語がくると [di ディ] の音になる。
dix livres [diliːvr ディリーヴる]

練習問題 1

- フランス語の文(1)〜(4)を、それぞれ3回ずつ聞いてください。
- どの文にも必ず数が含まれています。例にならってその数を解答欄にマークしてください。
  （メモは自由にとってかまいません）
  〈CDを聞く順番〉 ◎ ⓭ ⇨ ◎ ⓮

（例）
- 「7」と解答したい場合には、

  | ● | ① | ② | ③ | ④ | ⑤ | ⑥ | ⑦ | ⑧ | ⑨ |
  | ⓪ | ① | ② | ③ | ④ | ⑤ | ⑥ | ● | ⑧ | ⑨ |

  とマークしてください。

- 「15」と解答したい場合には、

  | ● | ① | ② | ③ | ④ | ⑤ | ⑥ | ⑦ | ⑧ | ⑨ |
  | ⓪ | ① | ② | ③ | ④ | ● | ⑥ | ⑦ | ⑧ | ⑨ |

  とマークしてください。

(1)

(2)

(3)

(4)

(14 春)

（読まれる文）

(1) Mon frère a trente-six ans.
(2) Où est le bureau quarante-huit ?
(3) Son adresse, c'est quatre-vingt-quinze boulevard Saint-Michel.
(4) Ça coûte cinquante-deux euros.

4 級の傾向と対策　聞き取り試験 3

解説
(1)「私の兄〔弟〕は 36 歳です」と言っています。

36 は [trɑ̃tsis トラントスィス] と発音しますが、次の語が母音で始まる ans [ɑ̃ アン] ですから、six は [siz スィズ] の音でこれとひとつづきに発音して [trɑ̃tsizɑ̃ トラントスィザン] の音になります。

正解は 36 です。

(2)「48 番事務室はどこですか」と言っています。

数詞のあとに名詞がありませんから数を聞き取るだけです。48 は quarante-huit [karɑ̃tɥit カランテュイット] と発音します。

正解は 48 です。

(3)「彼（女）の住所はサン – ミシェル大通り 95 番地です」と言っています。

数詞のあとには子音で始まる boulevard がつづきますので、リエゾンやアンシェヌマンをしません。数を聞き取るだけです。95 は quatre-vingt-quinze [katrvɛ̃kɛ̃ːz カトルヴァンカンーズ] と発音します。

正解は 95 です。

(4)「値段は 52 ユーロです」と言っています。

52 は cinquante-deux [sɛ̃kɑ̃tdø サンカントドゥ] ですが、次に母音で始まる euros [øro ウろ] がつづきますので、deux の x は [z ズ] の音を出して次の母音とひとつの音で発音します。cinquante-deux euros は [sɛ̃kɑ̃tdøzøro サンカントドゥズゥろ] とリエゾンして発音します。

正解は 52 です。

解答　(1) **36**　　(2) **48**　　(3) **95**　　(4) **52**

練習問題 2

- フランス語の文(1)～(4)を、それぞれ3回ずつ聞いてください。
- どの文にも必ず数が含まれています。例にならってその数を解答欄にマークしてください。
（メモは自由にとってかまいません）
〈CDを聞く順番〉 ◉ ⓯ ⇨ ◉ ⓰

（例）
- 「7」と解答したい場合には、

| ⓿ | ① | ② | ③ | ④ | ⑤ | ⑥ | ⑦ | ⑧ | ⑨ |
| ⓪ | ① | ② | ③ | ④ | ⑤ | ⑥ | ❼ | ⑧ | ⑨ |

とマークしてください。

- 「15」と解答したい場合には、

| ⓪ | ❶ | ② | ③ | ④ | ⑤ | ⑥ | ⑦ | ⑧ | ⑨ |
| ⓪ | ① | ② | ③ | ④ | ❺ | ⑥ | ⑦ | ⑧ | ⑨ |

とマークしてください。

(1)

(2)

(3)

(4)

（12 春）

（読まれる文）

(1) La robe longue coûte cinquante-trois euros.
(2) Votre valise fait vingt-huit kilos.
(3) Il habite ici depuis soixante-dix ans.
(4) Prenez le bus quatre-vingt-un.

解　説

(1)「そのロングドレスは 53 ユーロします」と言っています。

53 は cinquante-trois [sɛ̃kɑ̃ttrwɑ サンカントトロワ] と発音します。53 の次に母音で始まる euros [øro ウロ] がつづきます。trois の s は発音しませんが、母音がつづくとき、s を [z] と発音して次の母音とひとつの音で発音します。練習問題 1 (4) と同じくリエゾンします。cinquante-trois euros [sɛ̃kɑ̃ttrwɑzøro サンカントトロワズゥロ] の音になります。

正解は 53 です。

(2)「あなたのスーツケースは 28 キロ（の重さ）です」と言っています。

28 は vingt-huit [vɛ̃tɥit ヴァンテュイット] と発音します。聞き取り 3 の冒頭にあるように 8 [ɥit ユイット] は kilo のような子音の前では [ɥi ユイ] と発音します。vingt-huit kilos の発音は [vɛ̃tɥikilo ヴァンテュイキロ] です。kilo(s) は kilogramme(s) のことで、kilo(s) と略して使うことが多いです。

正解は 28 です。

(3)「彼はここに 70 年前から住んでいます」と言っています。

70 の発音は soixante-dix [swasɑ̃tdis ソワサントディス] です。70 のあとに年を表わす ans [ɑ̃ アン] がつづきます。聞き取り 3 の冒頭にあるように、dix [dis ディス] は母音で始まる語の前では [diz ディズ] の音になります。ans とひとつづきに発音し、soixante-dix ans [swasɑ̃tdizɑ̃ ソワサントディザン] の音になります。

正解は 70 です。

(4)「81 番のバスに乗ってください」と言っています。

81 は quatre-vingt-un [katrəvɛ̃ɛ̃ カトルヴァンアン] と発音します。21 は vingt et un [vɛ̃teɛ̃ ヴァンテアン] と発音しますが、81 では [katrəvɛ̃ɛ̃ カトルヴァンアン] ですから注意してください。

正解は 81 です。

解　答　(1) **53**　(2) **28**　(3) **70**　(4) **81**

練習問題 3

- フランス語の文(1)〜(4)を、それぞれ3回ずつ聞いてください。
- どの文にも必ず数が含まれています。例にならってその数を解答欄にマークしてください。
 （メモは自由にとってかまいません）
 〈CDを聞く順番〉 🔊❼ ⇨ 🔊❽

 （例）
 ・「7」と解答したい場合には、

 ⓿①②③④⑤⑥⑦⑧⑨
 ⓪①②③④⑤⑥❼⑧⑨   とマークしてください。

 ・「15」と解答したい場合には、

 ⓪❶②③④⑤⑥⑦⑧⑨
 ⓪①②③④❺⑥⑦⑧⑨   とマークしてください。

(1)
(2)
(3)
(4)

(11 秋)

（読まれる文）

(1) J'ai rendez-vous à dix-neuf heures.
(2) Cette ville est à trente-deux kilomètres d'ici.
(3) Ça coûte soixante euros.
(4) Ma grand-mère a quatre-vingt-dix-huit ans.

4級の傾向と対策　聞き取り試験 3

[解 説]
(1)「私は午後7時（19時）に人と会う約束をしています」と言っています。
19 は dix-neuf [diznœf ディズヌフ] と発音します。neuf は聞き取り試験 3 の冒頭に説明されているように、時刻の heure [œ:r ウーる] と年齢の an [ã アン] がつづくときだけ、f [フ] は v [ヴ] の音で次の母音とひとつの音で発音します。dix-neuf heures は [diznœvœ:r ディズヌヴーる] と発音します。
正解は 19 です。

(2)「その町はここから 32 キロメートルのところにあります」と言っています。
数詞のあとは子音で始まる kilomètres ですから、リエゾンやアンシェヌマンはありません。32 trente-deux [trãtdø トラントドゥ] が聞き取れれば解答できます。
正解は 32 です。

(3)「値段は 60 ユーロです」と言っています。
60 は soixante [swasãt ソワサント] ですが、次に母音で始まる euros [øro ゥろ] がつづきますので [t] と [ø] を切らずにひとつの音にして発音します。アンシェヌマンのことです。soixante euros は [swasãtøro ソワサントゥろ] と発音します。
正解は 60 です。

(4)「私の祖母は 98 歳です」と言っています。
98 は quatre-vingt-dix-huit [katrəvẽdizɥit カトるヴァンディズユイット] と発音しますが、次に母音で始まる ans [ã アン] がつづきますので(3)と同様にアンシェヌマンします。[t] と [ã] を切らずにひとつの音で発音しますから、quatre-vingt-dix-huit ans [katrəvẽdizɥitã カトるヴァンディズユイッタン] になります。
正解は 98 です。

[解 答] (1) **19**　　(2) **32**　　(3) **60**　　(4) **98**

111

4 　会話を聞き取り、日本語で示されている 5 つの文が会話の内容に一致しているかどうかを答える問題です。配点 10。

　10 行ほどの会話のやりとりを聞き取る力がためされます。日本語で示されている 5 つの文をあらかじめ読んでおくことで、会話が何を話題にしているかある程度見当がつきます。日本語の文は会話の流れに沿っていますから、聞き取ったフランス語が日本語の文に対応しているかどうか、順番に判断していきます。

練習問題 1

- ピエールとシルヴィの会話を3回聞いてください。
- 次の(1)〜(5)について、会話の内容に一致する場合は解答欄の①に、一致しない場合は②にマークしてください。
  （メモは自由にとってかまいません）
  〈CDを聞く順番〉 💿❶ ⇨ 💿❷ ⇨ 💿❸

(1) ピエールは6月に日本に行く。

(2) ピエールは神戸に半年滞在する。

(3) ピエールは神戸でフランスワインを販売する。

(4) ピエールは神戸のデパートで働く。

(5) ピエールは日本語が話せない。　　　　　　　　　（14春）

（読まれる会話）

Pierre : Sylvie, je vais au Japon en avril.
Sylvie : Tu resteras longtemps là-bas ?
Pierre : Six mois à Kobe.
Sylvie : À Kobe ? Qu'est-ce que tu vas faire ?
Pierre : Je vais vendre des vins français dans un grand magasin.
Sylvie : Ah, c'est un travail intéressant. Tu parles très bien le japonais. Ça marchera bien.
Pierre : J'espère.

解説

　ピエールがシルヴィに日本に行く話をしています。
(1)「ピエールは6月に日本に行く」については、ピエールがJe vais au

Japon en avril.「ぼく、4月に日本に行くんだ」と言っていますから6月ではありません。会話の内容に一致しません。
　　正解は②です。

　(2)「ピエールは神戸に半年滞在する」は、シルヴィから Tu resteras longtemps là-bas ?「あちらには長く滞在するの？」と聞かれて、ピエールは Six mois à Kobe.「神戸に6ヵ月だよ」と答えています。ピエールの滞在は半年ですから、会話の内容に一致します。
　　正解は①です。

　(3)「ピエールは神戸でフランスワインを販売する」についてはどうでしょうか。シルヴィから À Kobe ? Qu'est-ce que tu vas faire ?「神戸に？何をするの」と聞かれて、ピエールは Je vais vendre des vins français dans un grand magasin.「フランスワインをデパートで販売するんだ」と答えています。フランスワインの販売ですから、会話の内容に一致します。
　　正解は①です。

　(4)「ピエールは神戸のデパートで働く」については、(3)で見たようにデパートでワインを販売するのがピエールの仕事ですから、会話の内容に一致します。デパートは grand magasin と言います。
　　正解は①です。

　(5)「ピエールは日本語が話せない」については、シルヴィがピエールに Tu parles très bien le japonais. Ça marchera bien.「あなたは日本語を話すのがとてもじょうずだから。うまくいくわよ」と言っています。ピエールは日本語が堪能です。会話の内容に一致しません。
　　正解は②です。

解　答　(1) ②　　(2) ①　　(3) ①　　(4) ①　　(5) ②

練習問題 2

- イザベルとピエールの会話を 3 回聞いてください。
- 次の(1)〜(5)について、会話の内容に一致する場合は解答欄の①に、一致しない場合は②にマークしてください。
  （メモは自由にとってかまいません）
  〈CD を聞く順番〉 🎧 ❷ ⇨ 🎧 ❸ ⇨ 🎧 ❹

(1) イザベルはまだ仕事が終わっていない。
(2) イザベルはピエールに時間通りに行くことができると伝えている。
(3) イザベルは自宅からピエールに電話している。
(4) イザベルはモニクも連れていきたいと言っている。
(5) イザベルは車で行くつもりである。　　　　　　　　　（12 秋）

（読まれる会話）

Isabelle : Allô, Pierre ?
Pierre : Ah, Isabelle, c'est toi ! Mais qu'est-ce qu'il y a ? Tu ne viens pas à la soirée ?
Isabelle : Si, mais je n'ai pas encore fini mon travail. Je serai un peu en retard.
Pierre : Tu es encore au bureau ?
Isabelle : Oui. Je suis avec Monique. Est-ce que je peux venir avec elle ?
Pierre : Bien sûr. Vous venez en voiture ?
Isabelle : Non, on prend le métro.
Pierre : D'accord, on vous attend.
Isabelle : À tout à l'heure.

解説

イザベルがピエールに電話をしています。

(1)「イザベルはまだ仕事が終わっていない」については、イザベルから電話をもらったピエールが Tu ne viens pas à la soirée ?「パーティーに来ないの？」と尋ねたときに、イザベルは Si, mais je n'ai pas encore fini mon travail.「いいえ（行くわよ）、でもまだ私の仕事が終わっていないの」と答えています。会話の内容に一致しています。

正解は①です。

(2)「イザベルはピエールに時間通りに行くことができると伝えている」についてはどうでしょうか。イザベルはパーティーには行くが Je serai un peu en retard.「少し遅れるわ」と言っています。être en retard で「遅刻する」です。会話の内容に一致しません。

正解は②です。

(3)「イザベルは自宅からピエールに電話している」は、ピエールから Tu es encore au bureau ?「君はまだ会社にいるの？」と聞かれて、イザベルは Oui.「そうよ」と答えています。会話の内容に一致しません。

正解は②です。

(4)「イザベルはモニクも連れていきたいと言っている」については、イザベルがピエールに Je suis avec Monique. Est-ce que je peux venir avec elle ?「私はモニクといっしょなの。彼女といっしょに行ってもいいかしら？」と尋ねています。会話の内容に一致します。

正解は①です。

(5)「イザベルは車で行くつもりである」については、ピエールから Vous venez en voiture ?「君たちは車で来るの？」と聞かれて、イザベルは Non, on prend le métro.「いいえ、私たち地下鉄に乗るわ」と答えています。車で行きませんから、会話の内容に一致していません。

正解は②です。

解答 (1) ①　(2) ②　(3) ②　(4) ①　(5) ②

練習問題 3

- トマとソフィの会話を 3 回聞いてください。
- 次の(1)〜(5)について、会話の内容に一致する場合は解答欄の①に、一致しない場合は②にマークしてください。
  （メモは自由にとってかまいません）
  〈CD を聞く順番〉 ◎ ❷❺ ⇨ ◎ ❷❻ ⇨ ◎ ❷❼

(1) トマはこの週末に両親に会いに行く。
(2) ダニエルは両親といっしょに暮らしている。
(3) ダニエルはパリに住んでいる。
(4) ダニエルには子どもが 2 人いる。
(5) ダニエルの家庭は共働きである。　　　　　　　　　(12 春)

（読まれる会話）

> **Thomas** : Ce week-end, je vais voir mes parents et mon frère Daniel à Paris.
> **Sophie** : Ton frère habite chez tes parents ?
> **Thomas** : Non. Il est marié et il habite dans le même quartier.
> **Sophie** : Il a des enfants ?
> **Thomas** : Oui. Une fille et deux garçons. Ils vont souvent chez leurs grands-parents après l'école.
> **Sophie** : Ah, la femme de ton frère travaille ?
> **Thomas** : Oui. Comme mon frère, elle travaille à l'hôpital.

解 説

　トマは兄〔弟〕のダニエルについてソフィと話しています。
(1)「トマはこの週末に両親に会いに行く」については、トマが Ce week-end,

je vais voir mes parents「ぼくはこの週末、両親に会いにいくんだ」と言っていますから、会話の内容に一致します。

　正解は①です。

　(2)「ダニエルは両親といっしょに暮らしている」はどうでしょう。ソフィから Ton frère habite chez tes parents ?「お兄さん（弟さん）はあなたの両親の家に住んでいるの？」と聞かれて、トマは Non. Il est marié et il habite dans le même quartier.「ちがうよ。彼は結婚していて、同じ地区に住んでいるんだ」と答えています。会話の内容に一致しません。

　正解は②です。

　(3)「ダニエルはパリに住んでいる」については、トマの最初の言葉をみてみましょう。je vais voir mes parents et mon frère Daniel à Paris「パリにいる両親と兄〔弟〕に会いにいく」と言っています。彼らはパリに住んでいるのですから、会話の内容に一致しています。

　正解は①です。

　(4)「ダニエルには子どもが2人いる」は、ソフィの質問 Il a des enfants ?「彼（ダニエル）には子どもがいるの？」にトマが Oui. Une fille et deux garçons.「うん。女の子1人と男の子2人だよ」と答えています。ダニエルには子どもが3人いますから、会話の内容と一致しません。

　正解は②です。

　(5)「ダニエルの家庭は共働きである」はどうでしょう。ダニエルの子どもたちが放課後よく祖父母の家に行く（Ils vont souvent chez leurs grands-parents après l'école）話をトマから聞いたソフィは Ah, la femme de ton frère travaille ?「ああ、あなたのお兄〔弟〕さんの奥さんは仕事をしているの？」と質問しています。トマは Oui. Comme mon frère, elle travaille à l'hôpital.「そうだよ。兄〔弟〕と同じで、病院に勤めているんだ」と答えていますから、共働きです。会話の内容に一致します。

　正解は①です。

|解 答| (1) ① 　(2) ② 　(3) ① 　(4) ② 　(5) ①

第2部
2015年度
問題と解説・解答

2015 年度春季 4 級出題内容のあらまし

[筆記]
- 1 冠詞、前置詞＋冠詞（穴うめ・選択）
- 2 代名詞（穴うめ・選択）
- 3 対話文（仏文選択）
- 4 動詞活用（穴うめ・選択）
- 5 語順（語句の並べかえによる仏文完成・選択）
- 6 前置詞（穴うめ・選択）
- 7 短文（仏文に対応する絵の選択）
- 8 会話文（内容一致・和文選択）

[聞き取り]
- 1 短文（仏文に対応する絵の選択）
- 2 応答文（仏文選択）
- 3 数（マーク式による記入）
- 4 会話文（内容一致・和文選択）

2015年度春季4級筆記試験

2015年度春季
実用フランス語技能検定試験
試験問題冊子 〈4級〉

問題冊子は試験開始の合図があるまで開いてはいけません。

```
筆 記 試 験   11時45分～12時30分
              (休憩なし)
聞き取り試験   12時30分から約15分間
```

◇問題冊子は表紙を含め16ページ、筆記試験が8問題、聞き取り試験が4問題です。

注 意 事 項

1. 途中退出はいっさい認めません。
2. 筆記用具は**HBまたはBの黒鉛筆**(シャープペンシルも可)を用いてください。
3. 解答用紙の所定欄に、**受験番号**と**カナ氏名**が印刷されていますから、間違いがないか、**確認**してください。
4. **解答は、解答用紙の解答欄にマークしてください。**例えば、①の(1)に対して③と解答する場合は、次の例のように解答欄の③にマークしてください。

例	解答番号	解 答 欄
	(1)	① ② ● ④ ⑤ ⑥

5. 解答に関係のないことを書いた答案は無効にすることがあります。
6. 解答用紙を折り曲げたり、破ったり、汚したりしないように注意してください。
7. 問題内容に関する質問はいっさい受けつけません。
8. 不正行為者はただちに退場、それ以降および来季以後の受験資格を失うことになります。
9. **携帯電話等の電子機器の電源は必ず切って、かばん等にしまってください。**
10. **時計のアラームは使用しないでください。**
11. この試験問題の複製(コピー)を禁じます。また、この試験問題の一部または全部を当協会の許可なく他に伝えたり、漏えいしたりすることを禁じます(インターネットや携帯サイト等に掲載することも含みます)。

筆記試験終了後、休憩なしに聞き取り試験にうつります。

©2015 公益財団法人フランス語教育振興協会

1 次の (1) 〜 (4) の ( ) 内に入れるのに最も適切なものを、下の ① 〜 ⑥ のなかから1つずつ選び、解答欄のその番号にマークしてください。ただし、同じものを複数回用いることはできません。(配点 8)

(1) Ils vont ( ) marché ce matin.

(2) Il y a ( ) monde dans la rue.

(3) Je voudrais acheter ( ) chemise blanche.

(4) Nous cherchons ( ) bureau de madame Legrand.

① au ② de ③ du
④ le ⑤ les ⑥ une

2

次の対話 (1) 〜 (5) の ( ) 内に入れるのに最も適切なものを、それぞれ ① 〜 ③ のなかから1つずつ選び、解答欄のその番号にマークしてください。
(配点　10)

(1)　— Ces lunettes sont à toi ?
　　— Non, ce sont (　　) de papa.

　　　　① celle　　　② celles　　　③ celui

(2) 　— Elle a des amis français ?
　　— Oui, elle (　　) a beaucoup.

　　　　① en　　　② les　　　③ y

(3) 　— Tu as ton passeport ?
　　— Je ne (　　) trouve pas.

　　　　① la　　　② le　　　③ lui

(4) 　— Tu vois souvent tes parents ?
　　— Oui. J'irai chez (　　) ce week-end.

　　　　① eux　　　② les　　　③ leur

(5) 　— Vous avez visité le château de Versailles ?
　　— Oui. Je vais (　　) montrer les photos.

　　　　① le　　　② me　　　③ vous

3

次の (1) 〜 (4) の **A** と **B** の対話を完成させてください。**B** の下線部に入れるのに最も適切なものを、それぞれ ① 〜 ③ のなかから 1 つずつ選び、解答欄のその番号にマークしてください。(配点 8)

(1) **A** : Deux pains au chocolat, s'il vous plaît.
    B : _____
    A : Ah, c'est dommage !

    ① Bien, madame. Ils sont très bons.
    ② Désolé. Je n'en ai plus.
    ③ Vous voulez les changer ?

(2) **A** : J'ai vu un accident de voiture cet après-midi.
    B : _____
    A : Non, devant la gare.

    ① C'est ta voiture ?
    ② Près d'ici ?
    ③ Vers quelle heure ?

(3) **A** : Je peux fumer ?
    B : _____
    A : Bon, alors, je vais fumer dehors.

    ① Je fume depuis 20 ans.
    ② Oui, mais ouvre la fenêtre, s'il te plaît.
    ③ Pas de problème.

(4) **A** : Qu'est-ce que vous avez ?
    B : _____
    A : Qu'est-ce que vous avez mangé hier ?

    ① J'ai mal au ventre.
    ② J'espère bien.
    ③ Nous sommes très en retard.

4 次の日本語の文 (1) 〜 (5) の下には、それぞれ対応するフランス語の文が記されています。（　）内に入れるのに最も適切なものを、それぞれ ① 〜 ③ のなかから1つずつ選び、解答欄のその番号にマークしてください。(配点 10)

(1) 以前は、ここから富士山が見えました。
　　　Avant, on (　) le mont Fuji d'ici.
　　　① verra　　　② voyait　　　③ voyons

(2) お年寄りには親切にしなさい。
　　　(　) gentils avec les personnes âgées.
　　　① Êtes　　　② Sois　　　③ Soyez

(3) コップを割ったのはだれ？
　　　Qui (　) le verre ?
　　　① a cassé　　　② ai cassé　　　③ as cassé

(4) 毎週日曜日にはサッカーをしています。
　　　Nous (　) du foot tous les dimanches.
　　　① faisions　　　② faisons　　　③ ferons

(5) 両親は来週フランスから戻ります。
　　　Mes parents (　) de France la semaine prochaine.
　　　① rentraient　　　② rentreront　　　③ sont rentrés

5 例にならい、次の (1) 〜 (5) において、それぞれ ① 〜 ④ をすべて用いて文を完成したときに、(　) 内に入るのはどれですか。① 〜 ④ のなかから1つずつ選び、解答欄のその番号にマークしてください。なお、① 〜 ④ では、文頭にくるものも小文字にしてあります。(配点 10)

例：L'hôtel ＿＿＿ ＿＿＿ (＿＿＿) ＿＿＿ de la gare.
　　① à　　② dix　　③ est　　④ minutes

　　L'hôtel　est　　à　(dix) minutes de la gare.
　　　　　　③　　①　　②　　　④

となり、③①②④の順なので、(　) 内に入るのは②。

(1) Je ＿＿ ＿＿ (＿＿) ＿＿ camarades de classe.
　　① de　　② me　　③ mes　　④ souviens

(2) Ma fille ＿＿ ＿＿ (＿＿) ＿＿ légumes.
　　① des　　② mange　　③ ne　　④ que

(3) Olivier et Marc ＿＿ ＿＿ (＿＿) ＿＿ .
　　① arrivés　　② ne　　③ pas　　④ sont

(4) Tu veux acheter ＿＿ ＿＿ (＿＿) ＿＿ ?
　　① bleue　　② cette　　③ petite　　④ valise

(5) ＿＿ ＿＿ (＿＿) ＿＿ à la sortie du métro ?
　　① attendre　　② nous　　③ pouvez　　④ vous

6 次の (1) ～ (4) の ( ) 内に入れるのに最も適切なものを、それぞれ ① ～ ③ のなかから1つずつ選び、解答欄のその番号にマークしてください。(配点 8)

(1) Allez déjeuner ( ) moi.

　　① en　　　　② par　　　　③ sans

(2) Il n'est pas content ( ) son nouvel ordinateur.

　　① à　　　　② de　　　　③ vers

(3) La banque est ( ) votre gauche.

　　① après　　② en　　　　③ sur

(4) Nous allons à la piscine deux fois ( ) mois.

　　① avec　　② de　　　　③ par

7 次の (1) 〜 (6) に最もふさわしい絵を、下の ① 〜 ⑨ のなかから 1 つずつ選び、解答欄のその番号にマークしてください。ただし、同じものを複数回用いることはできません。(配点 6)

(1) Élodie a de la fièvre.
(2) Élodie aide son père.
(3) Élodie a peur des chiens.
(4) Élodie est assise sur une chaise.
(5) Élodie joue toute seule.
(6) Élodie voyage avec son père.

8

次の会話を読み、下の (1) 〜 (6) について、会話の内容に一致する場合は解答欄の ① に、一致しない場合は ② にマークしてください。（配点 6）

Marie ： On arrive bientôt ?
Thomas ： Oui, dans quelques minutes. On va laisser la voiture à l'entrée du village.
Marie ： Et comment est-ce qu'on fait pour aller chez Paul ?
Thomas ： D'abord, il faut aller jusqu'à la place du village. On passe devant l'église, et ensuite on prend la deuxième rue à gauche.
Marie ： Bon. Et sa maison est comment ?
Thomas ： C'est une maison en bois, et dans le jardin, il y a un grand arbre qui a cent ans.
Marie ： Ce n'est pas trop difficile à trouver, alors.

(1) マリとトマはまもなく村に到着する。
(2) マリとトマは車でポールの家まで行く。
(3) マリはポールの家への行き方を知らない。
(4) ポールの家は教会のすぐ前にある。
(5) ポールの家はレンガ造りである。
(6) ポールの家の庭には古い大きな木がある。

2016年度版4級仏検公式ガイドブック

聞き取り試験問題

聞き取り試験時間は、12時30分から約15分間

注 意 事 項

1 聞き取り試験は、CD・テープでおこないますので、CD・テープの指示に従ってください。
2 解答はすべて筆記試験と同じ解答用紙の解答欄に、**HBまたはBの黒鉛筆**(シャープペンシルも可)でマークしてください。

2015 年度春季 4 級聞き取り試験

1

- フランス語の文 (1) 〜 (4) を、それぞれ 3 回ずつ聞いてください。
- それぞれの文に最もふさわしい絵を、下の ① 〜 ⑥ のなかから 1 つずつ選び、解答欄のその番号にマークしてください。ただし、同じものを複数回用いることはできません。

（メモは自由にとってかまいません）（配点 8）

〈CD を聞く順番〉 🔘 ㉘ ⇨ 🔘 ㉙

(1)

(2)

(3)

(4)

2
- フランス語の質問 (1) 〜 (4) を、それぞれ3回ずつ聞いてください。
- (1) 〜 (4) の質問に対する応答として適切なものを、それぞれ ①、② から選び、解答欄のその番号にマークしてください。
  (メモは自由にとってかまいません)（配点 8）

〈CDを聞く順番〉 🔊 ③⓪ ⇨ 🔊 ③①

(1) ① Avec plaisir.
    ② Oui, avec mon mari.

(2) ① Demain matin.
    ② Il y a une semaine.

(3) ① Elle travaille ici depuis 12 ans.
    ② Elle va avoir 12 ans.

(4) ① Non, je ne veux rien.
    ② Oui, j'ai de l'argent.

3
- フランス語の文 (1) 〜 (4) を、それぞれ 3 回ずつ聞いてください。
- どの文にも必ず数が含まれています。例にならって、その数を解答欄にマークしてください。

（メモは自由にとってかまいません）（配点 8）

〈CD を聞く順番〉 32 ⇨ 33

（例）

- 「7」と解答したい場合には、

とマークしてください。

- 「15」と解答したい場合には、

とマークしてください。

(1)

(2)

(3)

(4)

4
- ルイと母親の会話を 3 回聞いてください。
- 次の (1) 〜 (5) について、会話の内容に一致する場合は解答欄の ① に、一致しない場合は ② にマークしてください。
  (メモは自由にとってかまいません) (配点　10)

〈CDを聞く順番〉 ◎ ❸❹ ⇨ ◎ ❸❺ ⇨ ◎ ❸❻

(1) ルイは母親に、ピエールを家に呼んでよいか尋ねている。

(2) ルイはきょうの午後医者に行く予約をしている。

(3) 母親はルイの予約の日取りを勘ちがいしていた。

(4) ルイはひとりっ子である。

(5) 母親はルイに、ピエールと遊んではいけないと言っている。

2015 年度春季 　4 級

総評　今季の出願者は 2367 名（受験者は 2113 名）、合格者は 1441 名で、実受験者に対する合格率は 68％ でした。

　平均得点率は筆記試験が 67％、聞き取り試験が 71％、全体では 68％ となっています。前回および前々回に比べると全体の平均得点率はやや下がっていますが、この数字は 2013 年秋季と同じ水準であり、ほぼ例年並みのできといえるでしょう。また前回と同様、聞き取り試験の平均得点率が筆記試験のそれを上回りました。受験者の聞き取り試験に対する姿勢が反映していると思われます。

　今回の筆記試験で目立つのは、冠詞の用法を問う 1、代名詞に関する問題 2、適切な前置詞を選ぶ 6 において、のきなみ平均得点率が 60％ を割ったことです。また正しい動詞の活用形を選択する 4 も 70％ に届いていません。こうしたいわゆる文法問題とその他の問題（適切な発話文を選択して AB の対話を完成させる 3、与えられた語を正しく並べ替えて日本語に対応したフランス語文を完成させる 5、フランス語の短文に対応するイラストを選ぶ 7）の間に明らかな得点率の差が生じています。

　個々の設問について見ると、冠詞の用法に関する 1 の (2) Il y a (du) monde dans la rue.「通りは大変な人出だ」、代名詞を問う 2 の (5) ― Oui. Je vais (vous) montrer les photos.「はい、あなたにそのときの写真をお見せしましょう」、および前置詞問題 6 の (3) La banque est (sur) votre gauche.「銀行はあなたの左手にあります」において得点率が 40％ を下回りました。けっして難解な出題ではありません。いずれも 4 級レベルでは押さえておきたい知識です。

　聞き取り試験では、短文とイラストを結びつける形式 1 の得点率が他の問題に比べ低く出ました（平均得点率 55％）。とりわけ (1) Ce n'est pas mauvais.「なかなかいけるわ」（食事の場面の絵に対応）（28％）という表現がよく理解できていなかったようです。その他の設問でも、(3) Je vous en prie.「どうぞ（おすわりください）」（59％）、(4) À table !「さあ、ご飯ですよ」（64％）など、日常しばしば用いられる表現の意味が今ひとつとらえきれていません。聞き取りの練習に際しては、こうした慣用的な表現

がどのような状況において使用されるのかについてもあわせて学習しておく必要があるでしょう。また読まれる文の中の数字を判別する問題③では、(1) vingt et une heures「21 時」と(3) soixante-dix euros「70 ユーロ」の得点率が 56% とふるいませんでした。いずれも数詞が次の語とアンシェヌマンやリエゾンでつながるケースです。受験者には意識的な取り組みが望まれます。

　筆記試験、聞き取り試験とも、詳細についてはこのあとの解説・解答を参照してください。

筆 記 試 験
解説・解答

1　不定冠詞、定冠詞、部分冠詞など、冠詞の用法のほか、前置詞と定冠詞の縮約に関する知識が問われます。

解 説

(1) Ils vont (au) marché ce matin.「彼らはけさ市場に行く」

この場合 marché「市場」は、話し手にも聞き手にも一般に共通して認識される特定の場です。したがって定冠詞 le がつきます。また aller は前置詞 à をとって「〜に行く」となりますから、ここは前置詞 à と定冠詞 le の縮約形である①au が正解となります。

得点率は66% でした。

(2) Il y a (du) monde dans la rue.「通りは大変な人出だ」

まず、monde には大きく「世界」と「人びと」という2つの語義があることを覚えておきましょう。前者には「世間」や「社交界」のような意味も含まれます。さてこの問題で monde を世界とすると、話の筋がまったく通りません。この場合は「(たくさんの) 人々」の意味で用いられているのです。全世界の人びとの一部としてとらえられているので、部分冠詞を伴います。

Il y a du monde !「なんて人が多いんでしょう」(『仏検公式基本語辞典』p.181)

したがって正解は③du です。得点率は35% とふるいませんでした。

(3) Je voudrais acheter (une) chemise blanche.「白いシャツを買いたいのですが」

chemise「シャツ」が女性名詞なのは、あとに置かれた形容詞 blanche「白い」が女性形であることから容易に判断できます (男性形は blanc)。選択肢で女性名詞の直前にくる可能性があるのは、⑥une しかありません。ここで不定冠詞 une が用いられているのは、この「シャツ」がまだ「不特定のもの」、「話し手と聞き手の両者に周知されていないもの」であるこ

とを示しています。

　なお、voudrais は vouloir の条件法現在の形で、je voudrais で「〜したいのですが」という、断定を避けた婉曲的な表現を作ります。条件法についての出題は3級以上になりますが、この je voudrais はふだんよく使われる表現なので、4級レベルでも覚えておく必要があります。
　得点率は 72% と、本問中もっとも高くでました。

(4) Nous cherchons (le) bureau de madame Legrand.「私たちはルグランさんのオフィスを探しています」
　この文では、bureau「オフィス」に de madame Legrand「ルグランさんの」という限定の表現が添えられており、だれのオフィスについて述べているかは明らかです。そのため、ここでは「特定されているもの」、「話し手と聞き手の両者に周知されているもの」を示す定冠詞を用いることになるので、選択肢④ le が正解です。bureau の文法上の性がわからないと、⑥ une を選んでしまいかねませんが、不定冠詞は前問のところでも述べたように「不特定のもの」を示す冠詞ですから、ここでは該当しません。
　得点率は 52% でした。

　問題① 全体の得点率は 57% でした。
　解答　(1) ①　　(2) ③　　(3) ⑥　　(4) ④

② 対話文で用いられる代名詞についての問題です。人称代名詞（直接目的・間接目的・強勢形）のほか、指示代名詞や en、y といった中性代名詞も出題されます。

解説
(1) — Ces lunettes sont à toi ?「この眼鏡は君のですか」 — Non, ce sont (celles) de papa.「いいえ、お父さんのです」
　問いの文は、⟨être à + 人⟩の形で「〜のもの」という「所属」を示す言い方です。ここでは、lunettes「眼鏡」の繰り返しを避けるため、応答文で指示代名詞が用いられています。lunettes は女性複数形ですから、② celles が正解となります（この場合、lunettes の文法上の性がわからなくとも、複数形であることから正答を判断できます）。

選択肢はすべて指示代名詞ですが、①celle は女性単数形、③celui は男性単数形の名詞に対応する形になります。このタイプの指示代名詞は単独では用いず、遠近を示す副詞（-ci「こちら」、-là「あちら」）をともなうか、あるいはこの問題の前置詞 de や関係代名詞 qui とともに使うのが一般的です。

得点率は 74% でした。

⑵ — Elle a des amis français ?「彼女にはフランス人の友だちがいますか」 — Oui, elle (en) a beaucoup.「ええ、たくさんいます」
　特定化された名詞を直接目的語としてうけるときには、le、la、les という人称代名詞を使いますが、不定冠詞や部分冠詞、数詞や数量副詞などがついて不特定とみなされる名詞は、中性代名詞の en でうけます。したがって①が正解となります。選択肢②les は直接目的語となる人称代名詞、また③y は〈場所を示す前置詞＋名詞〉や〈前置詞 à ＋名詞（事物）〉をうける中性代名詞です。

得点率は 56% でした。

⑶ — Tu as ton passeport ?「パスポート、持ってる？」— Je ne (le) trouve pas.「見つからないんだ」
　応答文の空欄に入るのは passeport「パスポート」をうける代名詞で、動詞 trouver「見つける」の直接目的語になります。そして passeport は、ton「君の」の形から男性名詞であることがわかります。もし女性名詞であれば ta となるはずです。したがって選択肢②le が正解。選択肢①la は直接目的ですが、女性名詞をうける代名詞です。また③lui は「彼に、彼女に」を表わす間接目的の代名詞です。

得点率は 75% でした。

⑷ — Tu vois souvent tes parents ?「ご両親とはよく会ってる？」— Oui. J'irai chez (eux) ce week-end.「うん、今週末も彼らのところに行くんだ」
　前置詞 chez は次に「人」を表わす名詞をともない、「～の家（ところ）に」という意味になります。この応答文の空欄には parents「両親」（男性名詞複数形）を指す代名詞が入りますが、人称代名詞は前置詞のあとではつねに強勢形になります。つまりここでは、主語 ils や目的語 les、leur で

はなく、強勢形の eux が正解①になります。そもそも性や数がわからなくとも選択肢の中で強勢形は①しかありません。②も③も人称代名詞ですが、②の les は「彼（女）らを、それらを」を表わす直接目的、③の leur は「彼（女）らに」を表わす間接目的の形になっています。

　得点率は 44％ にとどまりました。いま1度強勢形の形態と用法をしっかりと確認しましょう。

(5) — Vous avez visité le château de Versailles ?「ヴェルサイユ宮殿は見にいかれましたか」— Oui. Je vais (vous) montrer les photos.「ええ、あなたにそのときの写真をお見せしましょう」

　応答文中の動詞 montrer「見せる」は「〜を…に見せる」という文型で用いられます。つまり、「直接目的語（〜を）」と「間接目的語（…に）」が両方登場するわけです。

　Montrez-moi les photos de votre voyage.「あなたの旅行の写真を私に見せてください」（『仏検公式基本語辞典』p.183）

　この応答文では les photos「写真」が直接目的語ですから、必然的に空欄は間接目的語になります。選択肢の中で文意に合う間接目的語は、③ vous「あなた（方）に」です。① le「彼を、それを」は直接目的の人称代名詞、② me は間接目的語ですが「私に」の意味なので文脈に沿いません。

　得点率は本問中もっとも低く、33％ でした。直接目的語と間接目的語の用法、およびそれぞれの人称代名詞の形を確実に身につけましょう。

問題2 全体の得点率は 56％ でした。

解　答　(1) ②　　(2) ①　　(3) ②　　(4) ①　　(5) ③

3　3つの選択肢から適切な文を選び、対話文を完成する問題です。

解　説

(1) 最初の **A** の文の Deux pains au chocolat, s'il vous plaît. は、「チョコレートパンを2つくださいませんか」の意で、パン屋で客が注文している状況が提示されています。**B** の選択肢のうち、まず③ Vous voulez les changer ?「それらを変えたいのですか」は、ここでのやり取りとしては不自然です。応答として可能なのは、① Bien, madame. Ils sont très bons.「承

知しました。とてもおいしいですよ」、または②Désolé. Je n'en ai plus.「申し訳ありません。売り切れです（←私はもうそれ（チョコレートパン）を持っていません）（en は pains au chocolat をうける中性代名詞）」の2つです。A は2つ目の文で Ah, c'est dommage !「ああ、残念です」と、自分の希望がかなえられずがっかりしているのですから、②が正解になります。

得点率は 80% でした。

(2) A の J'ai vu un accident de voiture cet après-midi.「きょうの午後、自動車事故を見たよ」の中では、voir「見る」という動詞が複合過去 ai vu（avoir の現在形 + voir の過去分詞）に置かれていますが、これは発話の現時点から見て完了した事態を表わしています。この A に対し、B では、①C'est ta voiture ?「それって君の車？」がまず排除されます。残る選択肢のうち、Non, devant la gare.「いや、駅前だよ」という2つ目の A の文とつながるのは、もちろん②の Près d'ici ?「この近くで？」になります。③Vers quelle heure ? は「何時ごろ」の意味です。

得点率は 86% でした。

(3) A は最初に Je peux fumer ?「タバコを吸ってもいいですか」と尋ねています。これに対し、B の選択肢①Je fume depuis 20 ans. は、「私は20年前からタバコを吸っています」という意味ですから、A の問いに対する応答としては不適切です。なお、ときどき depuis 20 ans を「20歳から」と勘ちがいしている人がいますが、その場合は depuis l'âge de 20 ans となりますのでご注意ください。

さて、③Pas de problème. は「問題ないよ」の意ですが、A は2番目の文で Bon, alors, je vais fumer dehors.「そう、じゃあ外へ吸いにいくよ」と述べていることから、つながりません。②Oui, mais ouvre la fenêtre, s'il te plaît.「いいよ、でも窓を開けてね」が正解です。

得点率は 62% でした。

(4) A は最初に Qu'est-ce que vous avez ?「どうなさったのですか」と相手を気づかっているのですから、B の応答としてふさわしいのは、①J'ai mal au ventre.「お腹が痛いんです」または③Nous sommes très en retard.「私たちはとても遅れているのです」のどちらかです。②J'espère

bien.「そう願いたいですね」は、この時点で排除されます。つづいて **A** は 2 番目の文で Qu'est-ce que vous avez mangé hier ?「きのうは何を食べたのですか」と尋ねているので、①が正解となります。

　得点率は 78% でした。

　問題3 全体の得点率は 77% でした。
解　答　(1) ②　　(2) ②　　(3) ②　　(4) ①

4　あたえられた日本語の意味になるように、適切な動詞の活用形を選択する問題です。
解　説
(1)「以前は、ここから富士山が見えました」
　avant「以前」という**過去のある時点で継続していた行為や状態は半過去**で表わされます。選択肢①〜③はすべて「見（え）る」という意味の動詞 voir の活用形です。注意すべきは、時制はもちろんですが、on は意味が複数でも文法的には 3 人称単数扱いである点です。① verra は 3 人称単数ですが単純未来形、③ voyons は 1 人称複数の現在形になっています。主語が 3 人称単数で時制が半過去形に対応するのは ② voyait です。

　得点率は 80% でした。

(2)「お年寄りには親切にしなさい」
　この問題では動詞 être の**命令法**の活用が問われています。tu で呼びかける相手に対しては ② Sois、vous で話しかける相手に対しては ③ Soyez を用いることになります。ここでは、「親切な」を表わす形容詞が gentils と男性複数形になっていることから、相手は複数の男性か男女であると判断できるので、③ Soyez が正解となります。① Êtes は être の現在形 2 人称複数の形ですが、命令形としては使えません。形容詞 gentils の語尾の s を見落とした人が多かったのではないかと推測されます。

　得点率は 47% でした。

(3)「コップを割ったのはだれ」
　この文では「コップを割った」という行為が、発話の**現時点から見て**す

でに完了した行為として複合過去で表わされています。①a cassé は 3 人称単数、②ai cassé は 1 人称単数、③as cassé 2 人称単数の活用形ですが、文の主語の Qui は 3 人称単数扱いですから、①が正解です。

　得点率は 77％ でした。

(4)「毎週日曜日にはサッカーをしています」

　まず、「サッカーをする」faire du football のように何かのスポーツをする場合、あるいは学問や楽器演奏をする場合には、〈faire＋部分冠詞＋名詞〉という形をとりますのであわせて覚えておきましょう。

　・faire du français「フランス語を学ぶ」
　・faire de la guitare「ギターをひく」

　さて、「毎週日曜日にはサッカーをする」という現在において習慣となっているような行為や状態については、**現在時制**で表わします。選択肢はすべて 2 人称複数の形ですが、①faisions は半過去、②faisons は現在、③ferons は単純未来に置かれています。したがって正解は②です。

　得点率は 78％ でした。

(5)「両親は来週フランスから戻ります」

　「来週に戻る」わけですから、未来に属する行為となります。選択肢の動詞はすべて主語の「両親」parents に一致した 3 人称複数に置かれていますが、①rentraient は半過去、③は複合過去なので、**単純未来**の活用形②rentreront が正解です。単純未来形の 3 人称複数の語尾が -ront であることをしっかりと覚えきれていなかったようです。得点率は今ひとつでした。3 人称複数の語尾はつねに -ent だと思い込んで、①rentraient と誤答した人が多かったのではないでしょうか。

　得点率は 46％ でした。

　問題 4 全体の得点率は 66％ でした。
　解　答　(1) ②　　(2) ③　　(3) ①　　(4) ②　　(5) ②

5 選択肢①〜④の語を並べかえて文を完成させる問題です。

解説

(1) camarades de classe「クラスメート」の直前の下線部に入りえるのは選択肢③mes「わたしの」しかありません。あとに残された3つの選択肢から se souvenir de 〜「〜を覚えている」という代名動詞の表現を思いつけばしめたものです。Je me souviens (de) mes camarades de classe.「私は私のクラスメートたちを覚えている」となり、正解は①です。

得点率は 81% でした。

(2) この文が否定文ではなく、ne 〜 que...「…しか〜ない」という限定の文であることを見破らなければなりません。

Je n'ai que cinq euros.「私は5ユーロしかもっていない」(『仏検公式基本語辞典』p.233)

このとき、ne があっても意味上は肯定となるので、否定文で直接目的語につく不定冠詞・部分冠詞が de になるという原則は適用されません。Ma fille ne mange (que) des légumes.「私の娘は野菜しか食べない」となり、④が正解です。

得点率は 81% でした。

(3) 選択肢に②ne と③pas があるので否定文であることは明らかです。また残りの選択肢①arrivés と④sont から、arriver「到着する」の複合過去形 sont arrivés を導き出すのもさほどむずかしくはないでしょう。ポイントは否定文にしたときの ne と pas の位置です。複合過去のような〈助動詞＋過去分詞〉で作られる時制の否定文は助動詞（avoir または être）の前後を ne と pas ではさみます。したがって、Olivier et Marc ne sont (pas) arrivés.「オリヴィエとマルクは到着していない」となり、正解は③になります。過去分詞 arrivés に s がついているのは、複合過去で助動詞に être が使われたとき、過去分詞は主語の性・数に一致させなければならないからです。

得点率は 69% でした。

(4) 選択肢④の名詞 valise「スーツケース」につく可能性のある語を選択肢から探すと、②cette「この」という指示形容詞と、①bleue「青い」

および③petite「小さな」という2つの品質形容詞が見つかります。cetteが一番先にくるのは明らかだとして、問題は①bleueと③petiteの形容詞が どのように④の名詞valiseとつながるかです。一般にフランス語の形容詞のうち、名詞の前に置かれるのはgrand(e)、petit(e)、bon(ne)、beau(belle)、jeuneなど、1、2音節の短いものに限られ、そのほかは名詞のあとに置かれますが、japonaisのように国籍を表わす形容詞や本設問のように色彩を表わすbleuのような形容詞については、音の長短にかかわらずつねに名詞のあとに置かれます。当然、性数一致も生じるので、指示形容詞cetteは女性形、2つの形容詞にはeがついています。Tu veux acheter cette petite (valise) bleue ?「君はこの小さな青いスーツケースを買いたいの？」となり、④が正解です。

得点率は74% でした。

(5) まず選択肢の動詞③pouvez「できる」の形から、主語が④vousであることがわかります。そこから、vous pouvez attendre... ?「待ってくださいませんか」という核になる部分を構成できるでしょう。ポイントは②nousをどこに入れるかです。このnousが主語ではなく、「私たちを」を表わす直接目的語の代名詞であることに気づけば、そして目的語の代名詞は直接かかる動詞の直前に置くということを思い出せれば、正解にたどりつけます。「私たちを→できる」ではなく、「私たちを→待つ」とつながるのですから、Vous pouvez (nous) attendre à la sortie du métro ?「地下鉄の出口で私たちを待っていてくださいませんか」となり、正解は②となります。目的語となる代名詞の位置について、まだよく理解できていない人が多いようです。しっかりと整理しておきましょう。

得点率は54% でした。

問題5 全体の得点率は72% でした。

解 答 (1)① (2)④ (3)③ (4)④ (5)②

6 文意に則し、適切な前置詞を選択する問題です。

解 説

(1) Allez déjeuner (sans) moi.「私抜きで昼食に行ってください」

145

③sans が「〜なしに」という意味をもつ前置詞であることはご承知だと思いますが、この発話の状況が正確に理解されているでしょうか。前置詞については個々の意味はもちろんですが、文脈の中で理解することが大切です。この文で用いられている〈aller ＋不定詞〉には、近い未来と「〜しにいく」という２つの用法がありますが、この場合は「昼食を取りにいく」の意となり、それが命令形に置かれています。
　Maman, je peux aller jouer dehors ?「ママ、外に遊びにいってもいい？」(『仏検公式基本語辞典』p.8)
　得点率は 59％ でした。

(2) Il n'est pas content (de) son nouvel ordinateur.「彼は彼の新しいパソコンに満足していない」
　être content de 〜「〜に満足している」という表現が身についているかどうかがポイントになります。前置詞は、このような表現モデルの中で覚えていくことが肝要です。②が正解です。
　Je suis content de la nouvelle voiture.「私は今度の車に満足している」(『仏検公式基本語辞典』p.63)
　得点率は 74％ でした。

(3) La banque est (sur) votre gauche.「銀行はあなたの左手にあります」
　③sur は空間的な位置関係「〜の上に」を示すとともに、主題を表わして「〜について」、この設問文のように「〜のほうに」あるいは「〜に面した」という方向を表わすことができます。sur ときたら「〜の上に」といった条件反射的な覚え方ではなく、sur votre droite / gauche「あなたの右手／左手に」などの表現の単位で覚えるように心がけましょう。
　L'hôtel est sur votre droite.「ホテルは右手にあります」(『仏検公式基本語辞典』p.270)
　得点率は 37％ と、きわめて低い数字となりました。

(4) Nous allons à la piscine deux fois (par) mois ?「私たちは月に２度プールに行きます」
　③par というと、まず手段や方法 par le train「列車で」、通過や経由 par la fenêtre「窓から」、par la Suisse「スイス経由で」、などの用法が思い浮

かびますが、この設問文中の「〜ごとに」という用法も忘れてはなりません。この場合、par のあとにくる名詞は冠詞を伴いません。

　Il va au cinéma une fois par semaine.「彼は週に1度映画を見に行く」（『仏検公式基本語辞典』p.202）

　得点率は59% でした。

　問題⑥全体の得点率は57% でした。
　解　答　(1) ③　　(2) ②　　(3) ③　　(4) ③

⑦　フランス語の文(1)〜(6)の内容に対応する場面を、9つのイラストから選ぶ問題です。
　解　説
　(1) Élodie a de la fièvre.「エロディは（少し）熱がある」
　avoir de la fièvre は直訳すると「熱を持つ」ですが、意味的には「熱がある」という状態を表わす表現になります。de la は部分冠詞。「熱」を量としてとらえているのです。⑦が正解になります。

　(2) Élodie aide son père.「エロディはお父さんを手伝っている」
　aide は動詞 aider「手伝う、助ける」の活用形なので、本棚の整理をしている父親を手伝う少女が描かれたイラスト⑥が正解です。

　(3) Élodie a peur des chiens.「エロディは犬が怖い」
　avoir peur de 〜 は「〜について怖れを持つ」→「〜を怖がる」を意味する表現になります。したがって正解は①です。なお、des は前置詞 de と定冠詞 les の縮約形です。イラストに描かれた犬は1匹なのに、書かれた文では les chiens と複数形になっているため、とまどった人がいるかもしれません。この定冠詞 les は特定の犬ではなく、犬という種類全体を表わしています。つまり、Elle aime les chiens.「彼女は犬が好きだ」と同じ用法なのです。

　(4) Élodie est assise sur une chaise.「エロディはいすにすわっている」
　assis(e) は「すわった」という意味の形容詞なので、正解は④か⑧にし

147

ぼられます。次に sur une chaise「いすの上に」という場所の限定により、正解は⑧と決まります。

(5) Élodie joue toute seule.「エロディは（たった）ひとりで遊んでいる」
　jouer は「遊ぶ」の意味、seul(e) は「ひとり」の意味の形容詞で、ここでは主語にかかっており、その性数に一致して女性単数形の seule になっています。またここでの toute（男性単数形は tout）は、「すべての」という意味ではなく、seule を強める副詞の働きをしています。しかしながら、形容詞と同じように性数の一致をおこなうため、語尾に女性の e がついているのです。正解は⑨です。

(6) Élodie voyage avec son père.「エロディはお父さんと旅行している」
voyage は、名詞ではなく voyager「旅行する」という動詞の活用形です。旅行を描いたイラストはひとつしかありません。②が正解です。

得点率は (1) 92% (2) 74% (3) 63% (4) 62% (5) 60% (6) 95%、問題 7 全体では 74% でした。

解答　(1) ⑦　　(2) ⑥　　(3) ①　　(4) ⑧　　(5) ⑨　　(6) ②

8　会話文を読み、設問(1)〜(6)の日本語の文がその内容に一致するかどうかを判断します。
解説
(1)「マリとトマはまもなく村に到着する」
　会話文の冒頭で、On arrive bientôt ?「もうそろそろ着くころかしら？」と尋ねるマリに対し、トマは Oui, dans quelques minutes.「うん、あと何分かで」と答えているわけですから、会話文の内容に一致します。このとき前置詞 dans は「〜後に」を表わします。

(2)「マリとトマは車でポールの家まで行く」
　トマは、先のマリに対する発話の後半で、On va laisser la voiture à l'entrée du village.「村の入り口で車を置いて行こう」と述べています。ここからこの設問が会話文の内容と一致しないことが判断できます。

(3)「マリはポールの家への行き方を知らない」

　Et comment est-ce qu'on fait pour aller chez Paul ?「それじゃ、どうやってポールの家まで行くの」と尋ねるマリに対してトマは、D'abord, il faut aller jusqu'à la place du village.「まず、村の広場まで行かなくては」、と道順を説明しているのですから、会話と一致します。〈il faut＋不定詞〉は、「～する必要がある」という意味の非人称表現。faut の不定詞は falloir です。

(4)「ポールの家は教会のすぐ前にある」

　つづけてトマは、ポールの家への行き方を、On passe devant l'église, et ensuite on prend la deuxième rue à gauche.「教会の前を通り過ぎて、それから二つ目の通りを左に行けばいいんだよ」と述べており、会話文とは一致しません。prendre la ~ rue à droite / gauche は「～番目の通りを右／左に行く」の意味の定型表現です。

(5)「ポールの家はレンガ造りである」

　ポールの家への行き方について納得したマリは、トマに、Bon. Et sa maison est comment ?「ああそうなんだ。それで彼の家はどんな感じ」と尋ねます。それに対してトマは、C'est une maison en bois, ...「木造りen bois の家だよ」と言っています。「レンガ造り」en brique ではありません。会話文と一致しません。

(6)「ポールの家の庭には古い大きな木がある」

　さらにトマはポールの家について、... et dans le jardin, il y a un grand arbre qui a cent ans.「…そして庭には、樹齢100年の大きな木があるんだよ」とつづけ、それにマリは Ce n'est pas trop difficile à trouver, alors.「それじゃ、見つけるのはそんなにむずかしくないわね」と応じています。会話文に一致します。

　un grand arbre qui a cent ans は、直訳すれば「100歳の大きな木」。a cent ans「100歳である」という述語文が関係代名詞 qui によって主語となる先行詞 un grand arbre「大きな木」と結ばれています。また最後の文では、〈形容詞 difficile＋前置詞 à＋不定詞 trouver〉で「～する（見つける）のが困難だ」という表現が用いられています。

得点率は(1) 94% (2) 61% (3) 84% (4) 81% (5) 73% (6) 94%、問題 8 全体では 81% でした。

解答　(1) ①　(2) ②　(3) ①　(4) ②　(5) ②　(6) ①

聞き取り試験
解説・解答

1 フランス語の文を聞き取り、その内容にふさわしい場面を6つのイラストから選ぶ問題です。
（読まれる文）

---
(1) Ce n'est pas mauvais.
(2) Vous avez choisi ?
(3) Je vous en prie.
(4) À table !

解説

(1)「（まずくない→）なかないける」の意で、満足げに食事をしている女性のイラスト①が正解になります。耳で音がある程度聞き取れても、mauvais が「（食べ物などが）まずい」という意味で使われていること、さらにそれが否定になって「なかなかおいしい」という意味になっていることに思いいたらなかったのではないでしょうか。Ce n'est pas mauvais. はひとつの表現として覚えておきたいものです。得点率は 28％ にとどまりました。

(2)「（選ばれましたか→）ご注文はお決まりになりましたか」という定型表現です。choisir の複合過去形が使われていること、つまり過去分詞の choisi が聞き取れ、その不定詞 choisir が「選ぶ」の意味であることがわかればいいのです。ウェイトレスが客に注文を取っている場面を描いたイラスト⑤が正解になります。得点率は 69％ でした。

(3)「どうぞ（おすわりください）」という、相手に何かを勧める表現ですから、杖を持った人に席をゆずっている女性のイラスト⑥が正解になります。je vous en prie は相手の気持ちになって勧める場合に使います。そ

れに対し s'il vous plaît は話し手の側から相手に対し命令や依頼をする場合に用います。日本語ではどちらも「どうぞ」となるので注意しましょう。たとえば、「どうぞおすわりください」という気持ちをきちんと伝えたいときに、Asseyez-vous, je vous en prie. とはいえますが、Asseyez-vous, s'il vous plaît. とはいえません。得点率は 58％ でした。

(4)「(食卓に) → さあ、ご飯ですよ」は日常生活できわめてよく耳にする表現です。④のイラストが正解です。なお、この場合の table はテーブルの意味ではありません。table はテーブルという「もの」から出発して、食事が準備された食卓をも意味するようになったのです。cuisine「台所」が「料理」へ、bureau「事務机」が「オフィス、会社」へと意味を拡張していったパターンと同じです。得点率は 64％ でした。

問題1 全体の得点率は 55％ でした。
解 答 (1) ① (2) ⑤ (3) ⑥ (4) ④

2 フランス語の質問を聞き取り、適切な応答を 2 つの選択肢から選びます。
（読まれる質問）

(1) Tu viens avec quelqu'un ?
(2) Vous partez quand ?
(3) Quel âge a votre fille ?
(4) Tu n'achètes rien ?

解 説
(1)「君はだれかといっしょに来るの」という質問ですから、② Oui, avec mon mari.「ええ、私の夫と」が正解です。① Avec plaisir.「喜んで」は、なんらかの勧誘を、感謝の念とともに受け入れる際の表現です。
　　得点率は 75％ でした。

(2)「いつ出発するのですか」と尋ねています。選択肢の文意は、それぞれ①Demain matin.「あしたの朝」、②Il y a une semaine.「1週間前」ですから、①が正解です。il y a ~ は、もともと「~がある」という存在を表わす非人称表現ですが、une semaine のように時間を表わす語があとにきたときには、「~前」という過去の意味になります。「1週間ある→1週間たっている→1週間前」という流れで理解すればよいでしょう。

　得点率は82%でした。

(3)「あなたのお嬢さんは何歳ですか」と尋ねている文ですから、②Elle va avoir 12 ans.「もうすぐ12歳になります」が正解です。年齢表現ではavoirが用いられますが、ここでは〈aller＋不定詞〉、つまり近接未来の形になっています。①Elle travaille ici depuis 12 ans. は「彼女は12年前からここで働いています」の意味なので、これに対する質問は Depuis quand...「いつから~」で始まることになります。

　得点率は86%でした。

(4)「君は何も買わないの」という質問なので、①Non, je ne veux rien.「うん、何も欲しくないんだ」が正解です。②は「ええ、お金はあるんだ」の意味ですが、そもそもこの質問は否定疑問なので、「買う」という肯定の意味で答える場合には、oui ではなく si を用いなければなりません。したがって②の応答は成立しないのです。

　得点率は77%でした。

　問題2全体の得点率は80%でした。

解　答　(1) ②　　(2) ①　　(3) ②　　(4) ①

3　フランス語の文にふくまれる数を聞き取る問題です（発音の仮名表記については、第1部 p.13 の一覧を参照してください）。
（読まれる文）

(1) Le magasin ferme à vingt et une heures.
(2) Il y a quatre-vingt-trois garçons dans l'école.
(3) Soixante-dix euros, s'il vous plaît.
(4) Lisez la page cinquante-quatre.

解 説

(1)「店は21時に閉まります」
　vingt et une「21」が正解です。この場合、あとに女性名詞の heures がきているので、21の発音は vingt et un [vɛ̃teœ̃ ヴァンテアン] ではなく、vingt et une [vɛ̃teyn ヴァンテユヌ] です。問題文では、あとにつづく heures とのあいだでアンシェヌマンが生じ、[vɛ̃teynœːr ヴァンテユヌーる] と発音されています。
　得点率は56% でした。

(2)「学校には83人の男子がいます」
　quatre-vingt-trois「83」は [katrəvɛ̃trwɑ カトるヴァントろワ] と発音します。ここではあとにくる名詞が子音で始まっているため、リエゾンなどによる音の変化はありません。
　得点率は72% でした。

(3)「70ユーロ、お願いします」
　soixante-dix「70」の発音は [swasɑ̃ːtdis ソワサントディス] です。数詞のあとに母音がくるので dix の x は [z ズ] の音で euros の [ø ウ] とひとつの音にして発音します。soixante-dix euros [swasɑ̃ːtdizøro ソワサントディズろ] となります。
　得点率は56% でした。

154

(4)「54 ページを読んでください」

cinquante-quatre「54」が正解です。cinquante-quatre の発音は [sɛ̃kɑ̃tkatr サンカントカトル] です。ここでは数詞が文の最後にきているので、リエゾンやアンシェヌマンによる音の変化は生じません。

得点率は 76％ でした。

問題3 全体の得点率は 65％ でした。
解　答　(1) 21　　(2) 83　　(3) 70　　(4) 54

4　会話文を聞き取り、日本語の文(1)〜(5)がその内容に一致するかどうかを判断する問題です。
（読まれる会話）

> **Louis** : Je peux aller chez Pierre ?
> **La mère** : Mais cet après-midi, tu as rendez-vous avec le docteur Martin.
> **Louis** : Non, moi, c'est demain. Aujourd'hui, c'est Sophie.
> **La mère** : Ah, c'est vrai. Je dois aller chez le docteur avec ta sœur. Tu as fait tes devoirs ?
> **Louis** : Pas encore.
> **La mère** : Tu peux jouer avec Pierre, mais d'abord, finis tes devoirs.
> **Louis** : D'accord.

解　説

(1)「ルイは母親に、ピエールを家に呼んでよいか尋ねている」

会話文の冒頭で、ルイは母親に対し Je peux aller chez Pierre ?「ピエールのうちに行っていい？」と尋ねています。ピエールを自分の家に呼びたいのではありません。

(2)「ルイはきょうの午後医者に行く予約をしている」

Mais cet après-midi, tu as rendez-vous avec le docteur Martin. 「でもき

ょうの午後は、マルタン先生に診てもらうのよ」と言う母親に対し、ピエールは Non, moi, c'est demain.「ちがうよ、ぼくの予約は明日だよ」と答えています。

(3)「母親はルイの予約の日取りを勘ちがいしていた」
　Aujourd'hui, c'est Sophie.「今日の予約はソフィだよ」と言うルイに、母親は Ah, c'est vrai.「ああ、そのとおりだわ」と答えているのですから、お母さんは勘違いしていたのです。

(4)「ルイはひとりっ子である」
　母親はつづけて、Je dois aller chez le docteur avec ta sœur.「あなたの妹［お姉ちゃん］を連れてお医者さんに行かなくちゃね」と言っているのですから、ルイはひとりっ子ではありません。

(5)「母親はルイに、ピエールと遊んではいけないと言っている」
　Tu as fait tes devoirs ?「宿題はすませたの？」と聞く母親に、ルイは Pas encore.「まだなんだ」と答えています。それに対し母親は Tu peux jouer avec Pierre, mais d'abord, finis tes devoirs.「ピエールと遊んでもいいけど、まずあなたの宿題をすませなさい」と述べています。けっして「ピエールと遊んではいけない」と言っているわけではありませんね。ルイは D'accord.「わかったよ」と言うほかありません。

　得点率は(1) 61% (2) 78% (3) 95% (4) 90% (5) 84%、問題 4 全体では 81% でした。

|解　答| (1) ②　　(2) ②　　(3) ①　　(4) ②　　(5) ②

2015年度春季4級聞き取り試験　解説・解答

配　点　表

筆記試験	1	2	3	4	5	6	7	8	小計	聞き取り	1	2	3	4	小計	計
	8点	10	8	10	10	8	6	6	66		8	8	8	10	34	100

2015年度秋季4級出題内容のあらまし

［筆記］

1. 冠詞、前置詞＋冠詞（穴うめ・選択）
2. 代名詞（穴うめ・選択）
3. 対話文（仏文選択）
4. 動詞活用（穴うめ・選択）
5. 語順（語句の並べかえによる仏文完成・選択）
6. 前置詞（穴うめ・選択）
7. 短文（仏文に対応する絵の選択）
8. 会話文（内容一致・和文選択）

［聞き取り］

1. 短文（仏文に対応する絵の選択）
2. 応答文（仏文選択）
3. 数（マーク式による記入）
4. 会話文（内容一致・和文選択）

2015年度秋季4級筆記試験

2015年度秋季
実用フランス語技能検定試験
試験問題冊子　〈4級〉

問題冊子は試験開始の合図があるまで開いてはいけません。

> 筆 記 試 験　13 時 30 分 〜 14 時 15 分
> 　　　　　　　（休憩なし）
> 聞き取り試験　14 時 15 分から約 15 分間

◇問題冊子は表紙を含め 16 ページ、筆記試験が 8 問題、聞き取り試験が 4 問題です。

注 意 事 項

1. 途中退出はいっさい認めません。
2. 筆記用具は **HB または B の黒鉛筆** (シャープペンシルも可) を用いてください。
3. 解答用紙の所定欄に、**受験番号**と**カナ氏名**が印刷されていますから、まちがいがないか、**確認**してください。
4. **解答は、解答用紙の解答欄にマークしてください。**たとえば、1 の (1) に対して ③ と解答する場合は、次の例のように解答欄の ③ にマークしてください。

解答番号	解答欄
(1)	① ② ● ④ ⑤ ⑥

   例 1

5. 解答に関係のないことを書いた答案は無効にすることがあります。
6. 解答用紙を折り曲げたり、破ったり、汚したりしないように注意してください。
7. 問題内容に関する質問はいっさい受けつけません。
8. 不正行為者はただちに退場、それ以降および来季以後の受験資格を失うことになります。
9. **携帯電話等の電子機器の電源はかならず切って、かばん等にしまってください。**
10. **時計のアラームは使用しないでください。**
11. この試験問題の複製 (コピー) を禁じます。また、この試験問題の一部または全部を当協会の許可なく他に伝えたり、漏えいしたりすることを禁じます (インターネットや携帯サイト等に掲載することも含みます)。

筆記試験終了後、休憩なしに聞き取り試験にうつります。

©2015 公益財団法人フランス語教育振興協会

1   次の (1) 〜 (4) の (   ) 内に入れるのにもっとも適切なものを、下の
①〜⑥ のなかから1つずつ選び、解答欄のその番号にマークしてください。
ただし、同じものを複数回用いることはできません。(配点 8)

(1) Cécile a (   ) yeux bleus.

(2) Il a mal (   ) dents.

(3) Nous avons (   ) gros chien.

(4) Tu veux encore (   ) viande ?

　　　① aux　　　　② de　　　　③ de la
　　　④ les　　　　⑤ un　　　　⑥ une

2

次の対話 (1) ～ (5) の (　) 内に入れるのにもっとも適切なものを、それぞれ ① ～ ③ のなかから1つずつ選び、解答欄のその番号にマークしてください。
(配点 10)

(1) — Comment trouves-tu cette robe ?
　　— Elle est jolie. Elle (　) va très bien.
　　　　① la　　　　② se　　　　③ te

(2) — Donnez-moi ce sac, s'il vous plaît.
　　— (　)-là ?
　　　　① Celle　　　② Celui　　　③ Ceux

(3) — Est-ce que monsieur et madame Dupont ont des enfants ?
　　— Oui, ils (　) ont quatre.
　　　　① en　　　　② les　　　　③ leur

(4) — Ton ami arrive aujourd'hui ?
　　— Oui, je vais (　) chercher à l'aéroport.
　　　　① la　　　　② le　　　　③ lui

(5) — Vous avez déjà été en Italie ?
　　— Oui, nous (　) sommes allés l'année dernière.
　　　　① en　　　　② vous　　　　③ y

3　次の (1) 〜 (4) の **A** と **B** の対話を完成させてください。**B** の下線部に入れるのにもっとも適切なものを、それぞれ ① 〜 ③ のなかから1つずつ選び、解答欄のその番号にマークしてください。（配点　8）

(1)　**A**：Est-ce que je peux inviter mes amis ?
　　　B：＿＿＿＿＿＿＿＿＿＿＿＿＿
　　　A：Lundi prochain.

　　　　① Bien sûr. Ils sont combien ?
　　　　② Oui, mais quand ?
　　　　③ Si, ça va.

(2)　**A**：Pierre est déjà rentré du Japon ?
　　　B：＿＿＿＿＿＿＿＿＿＿＿＿＿
　　　A：Alors, on va manger avec lui ce week-end ?

　　　　① Non, il n'est pas malade.
　　　　② Non. Il restera encore un mois là-bas.
　　　　③ Pas encore. Il arrivera jeudi soir.

(3)　**A**：Quel temps fait-il aujourd'hui ?
　　　B：＿＿＿＿＿＿＿＿＿＿＿＿＿
　　　A：Ah, la saison des pluies est enfin finie.

　　　　① Il va nous voir.
　　　　② Il vient de commencer à pleuvoir.
　　　　③ Il y a du soleil.

(4)　**A**：Tu aimes danser ?
　　　B：＿＿＿＿＿＿＿＿＿＿＿＿＿
　　　A：Moi non plus.

　　　　① Je vais bien. Et toi ?
　　　　② Non, pas tellement. Et toi ?
　　　　③ Oui, beaucoup. Et toi ?

4 次の日本語の文 (1) 〜 (5) の下には、それぞれ対応するフランス語の文が記されています。(　) 内に入れるのにもっとも適切なものを、それぞれ ① 〜 ③ のなかから 1 つずつ選び、解答欄のその番号にマークしてください。(配点　10)

(1) 今夜、ぼくたち早く寝るね。
   Ce soir, on (　) tôt.
   ① me couche　② nous couchons　③ se couche

(2) 生徒たちは奈良でたくさんの写真を撮りました。
   Les élèves (　) beaucoup de photos à Nara.
   ① a pris　② avez pris　③ ont pris

(3) ポール、宿題をすませなさい！
   Paul, (　) tes devoirs !
   ① finis　② finissez　③ finit

(4) 私たちはこの夏スペインに行きます。
   Nous (　) en Espagne cet été.
   ① allions　② irons　③ sommes allés

(5) 私は歌手になりたかったんだ。
   Je (　) être chanteuse.
   ① voulaient　② voulais　③ voulait

5 例にならい、次の (1) 〜 (5) において、それぞれ ① 〜 ④ をすべて用いて文を完成したときに、(　　) 内に入るのはどれですか。① 〜 ④ のなかから１つずつ選び、解答欄のその番号にマークしてください。なお、① 〜 ④ では、文頭にくるものも小文字にしてあります。(配点　10)

例：L'hôtel ＿＿＿ ＿＿＿ (　　) ＿＿＿ de la gare.
　　① à　　　② dix　　　③ est　　　④ minutes

　　L'hôtel　est　à　(dix)　minutes　de　la　gare.
　　　　　　③　①　②　　④

　　となり、③①②④の順なので、(　　) 内に入るのは ②。

(1)　C'est ＿＿＿ ＿＿＿ (　　) ＿＿＿ l'année.
　　① de　　　② film　　　③ le　　　④ meilleur

(2)　Ils ＿＿＿ ＿＿＿ (　　) ＿＿＿ chez moi.
　　① jouer　　② ne　　　③ pas　　　④ viennent

(3)　Je connais ＿＿＿ ＿＿＿ (　　) ＿＿＿ .
　　① anglaise　② chanson　③ une　　④ vieille

(4)　Tu ＿＿＿ ＿＿＿ (　　) ＿＿＿ le vendredi ?
　　① as　　　② combien　③ cours　　④ de

(5)　＿＿＿ ＿＿＿ (　　) ＿＿＿ de sel.
　　① faut　　② il　　　③ peu　　　④ un

6

次の (1) 〜 (4) の (   ) 内に入れるのにもっとも適切なものを、それぞれ ① 〜 ③ のなかから 1 つずつ選び、解答欄のその番号にマークしてください。
（配点 8）

(1) Elle partira en France (   ) trois jours.

　　① avec　　　② dans　　　③ de

(2) Ils font du ski (   ) hiver.

　　① à　　　② en　　　③ pendant

(3) Il y a une rivière (   ) les deux villages.

　　① chez　　　② entre　　　③ sans

(4) Téléphonez-moi (   ) midi.

　　① avant　　　② par　　　③ sous

7   次の (1) 〜 (6) にもっともふさわしい絵を、下の ① 〜 ⑨ のなかから 1 つずつ選び、解答欄のその番号にマークしてください。ただし、同じものを複数回用いることはできません。(配点 6)

(1) Pierre dort bien.
(2) Pierre écrit une lettre.
(3) Pierre essaie une veste.
(4) Pierre lit dans le train.
(5) Pierre se lave les mains.
(6) Pierre se promène sur la plage.

8

次の会話を読み、下の (1) ～ (6) について、会話の内容に一致する場合は解答欄の ① に、一致しない場合は ② にマークしてください。(配点 6)

Christine : Julien ! Tu es prêt ?
Julien : Non ! Je ne trouve pas les billets d'avion.
Christine : Tu les as mis sur ton bureau.
Julien : Ah ! C'est vrai ! Merci !
Christine : Et tu as pris le cadeau pour tes parents ?
Julien : Mais oui ! Et toi, tu as ton portable ?
Christine : Attends… Oui, c'est bon. Allons-y !
Julien : Dis donc ! Il est déjà huit heures !
Christine : Oh là là ! L'avion part à dix heures ! Tu as appelé un taxi ?
Julien : Désolé, pas encore…

(1) ジュリアンはすでに出発の準備を終えていた。

(2) ジュリアンは飛行機のチケットを机の上に置いていた。

(3) ジュリアンは両親へプレゼントを持っていく。

(4) クリスチーヌは携帯電話をさがしたが、見つけられなかった。

(5) クリスチーヌとジュリアンが乗る飛行機は1時間後に出発する。

(6) ジュリアンはタクシーをすでに呼んでいた。

2016年度版4級仏検公式ガイドブック

聞き取り試験問題

聞き取り試験時間は、14時15分から約15分間

注 意 事 項

1　聞き取り試験は、CD・テープでおこないますので、CD・テープの指示にしたがってください。
2　解答はすべて筆記試験と同じ解答用紙の解答欄に、**HBまたはBの黒鉛筆**(シャープペンシルも可)でマークしてください。

2015 年度秋季 4 級聞き取り試験

1
- フランス語の文 (1) ～ (4) を、それぞれ 3 回ずつ聞いてください。
- それぞれの文にもっともふさわしい絵を、下の ① ～ ⑥ のなかから 1 つずつ選び、解答欄のその番号にマークしてください。ただし、同じものを複数回用いることはできません。
（メモは自由にとってかまいません）（配点　8）

〈CD を聞く順番〉 🎧 ❸❼ ⇨ 🎧 ❸❽

(1)

(2)

(3)

(4)

171

2
- フランス語の質問 (1) 〜 (4) を、それぞれ 3 回ずつ聞いてください。
- (1) 〜 (4) の質問に対する応答として適切なものを、それぞれ ①、② から選び、解答欄のその番号にマークしてください。
 （メモは自由にとってかまいません）（配点 8）

〈CD を聞く順番〉 ◎ ㊴ ⇨ ◎ ㊵

(1) ① À l'hôpital.
　　② Avec mon frère.

(2) ① Cette nuit.
　　② En voiture.

(3) ① Le français et le japonais.
　　② Le piano et la guitare.

(4) ① Non, je ne suis pas libre.
　　② Si, je suis très occupé.

3
- フランス語の文 (1) 〜 (4) を、それぞれ3回ずつ聞いてください。
- どの文にもかならず数が含まれています。例にならって、その数を解答欄にマークしてください。

（メモは自由にとってかまいません）（配点　8）

〈CDを聞く順番〉 🔘 ㊶ ⇨ 🔘 ㊷

（例）

- 「7」と解答したい場合には、

とマークしてください。

- 「15」と解答したい場合には、

とマークしてください。

(1)

(2)

(3)

(4)

4
- ソフィとフィリップの会話を3回聞いてください。
- 次の (1) ～ (5) について、会話の内容に一致する場合は解答欄の ① に、一致しない場合は ② にマークしてください。
（メモは自由にとってかまいません）（配点　10）

〈CDを聞く順番〉 🔘❹❸ ⇨ 🔘❹❹ ⇨ 🔘❹❺

(1) 　タカシの列車はすでに駅に着いている。

(2) 　タカシは美術館に行きたい。

(3) 　きょうは美術館は休館日である。

(4) 　きょうは月曜日である。

(5) 　ソフィは城を見にいくことをフィリップに提案する。

2015年度秋季　4級

総評　今季は出願者 3373 名（受験者は 3052 名）に対し、合格者は 2216 名で、対実受験者合格率は 73% でした。

　平均得点率は筆記試験が 67%、聞き取り試験が 76%、全体では 70% となっており、前回をやや上回る結果となりました。2015 年度春季試験につづき、聞き取り試験の平均得点率が筆記試験の得点率よりも高く出ました。この傾向は 3 期連続していることから、以前にくらべ、4 級の受験者が聞き取りの問題を苦にしなくなっていることがはっきりとわかります。聞き取り試験の準備がしっかりとなされてきた結果だと考えられます。

　今季の場合、筆記試験においてとくに目を引くのは、代名詞に関する問題2で、平均得点率が 60% を下回りました。そのほかの問題はいずれも 60% 以上の平均得点率でしたが、冠詞の用法を問う1、AB の対話を完成させる3、正しい動詞の活用形を選択する4、選択肢として示された 4 つの語句を並べかえて文を完成させる問題5、および適切な前置詞を選ぶ6の平均得点率は、いずれも 70% に届いていません。フランス語の短文に対応するイラストを選ぶ7、会話文を読んで内容一致について答える8、および聞き取り試験と比べると、平均して 10% 程度の得点率の開きが見られます。

　もっとも得点率が低かった問題2のなかでも、(1) Elle (te) va très bien.「それは君にとてもよく似合うよ」の文の空欄に間接目的の代名詞 te を選んで記入させる設問の得点率は 28% と、すべての設問中最低の結果となりました。同じく2の(3)では、不特定とみなされる直接目的語をうける中性代名詞 en を問う問題の得点率が 49% にとどまりました。また正しい動詞の活用を選択肢から答える問題4の(1) Ce soir, on (se couche) tôt. の得点率は 43%、(4) Nous (irons) en Espagne cet été. は 51% でした。さらに並べ替えて文を完成させる5の(1) C'est le meilleur (film) de l'année. の得点率は 40% でした。直接目的語・間接目的語の概念や中性代名詞、代名動詞、特殊な語幹をもつ単純未来形、最上級の表現など、いくつかの弱点が明らかに見てとれます。意識的な対策が強く望まれるところです。

　聞き取り試験では、聞き取った短文の内容をイラストと結びつける問題

1の得点率が77％、問に対して適切な応答を選択する2が76％、3の数の聞き取りが71％、会話文の内容一致を問う4が79％など、けっして突出した好成績ではありませんが、きわめて安定した結果となっています。
　詳細についてはこのあとの解説・解答を参照してください。

筆 記 試 験
解説・解答

① 不定冠詞、定冠詞、部分冠詞など、冠詞の用法のほか、前置詞と定冠詞の縮約に関する知識が問われます。

解説

(1) Cécile a (les) yeux bleus.「セシルは青い目をしている」

「目」を表わす語は、単数形では œil [œj ウィユ] ですが、複数では yeux [jø イユー] となり、つづりも発音も変わるので注意しましょう。また本問のような文で目や髪など身体の一部に形容詞がつくとき、色のように、その人物の恒常的な性質を表わし、それが主語の特徴として特定化されるような場合には定冠詞をつけます。「美しい」や「びっくりした」のような主観的、一時的な形容詞がつく場合には、一般に定冠詞ではなく、不定冠詞を用います。

Elle a de beaux cheveux noirs.「彼女はきれいな黒髪をしている」(『仏検公式基本語辞典』p.51)

目は複数なので正解は④ les になります。なお、色彩形容詞はつねに名詞のあとに置かれます。

得点率は 70% でした。

(2) Il a mal (aux) dents.「彼は歯が痛い」

この文は、Il‿a mal‿aux dents. [ilamalodɑ̃ イラマロダン] と発音します。さて mal は「悪」や「病気」、「苦労」など、さまざまな否定的ニュアンスをふくみますが、ここでは「痛み」を意味します。またこのように、体のどこかが痛むことを表わすには、〈avoir mal à + 定冠詞 + 身体の部分〉という表現を用います。つまり「身体の〜の部分に痛みをもつ」ととらえるわけです。この設問では、「歯」dents は複数なので、それにつく定冠詞は les となります。そして前置詞 à と les は縮約されて aux となるので、正解は①です。得点率は問題①のなかでもっとも低く 64% でした。使用頻度の高い表現です。自分のものにして使いこなせるようにしましょう。ほかにも次のような例がしばしば用いられます。

J'ai mal à la tête.「私は頭が痛い」(『仏検公式基本語辞典』p.168)

(3) Nous avons (un) gros chien.「私たちは大きな犬を飼っている」
　chien「犬」は 1 匹 2 匹と数えられる名詞です。しかもこのケースは発話の相手にとって未知の情報と考えられるので不定冠詞がつきます。さらに chien は単数ですから、正解は不定冠詞の男性単数形である⑤ un となります。gros「大きな（太った）」という形容詞の語尾に s があるから複数だと速断してはいけません。gros はそもそも男性単数形に s がふくまれており、単数形と複数形が同じ形になるのです。もし複数の大きな犬であれば、de gros chiens となります。なお女性の単数形は grosse、複数形は grosses です。
　得点率は 74％ でした。

(4) Tu veux encore (de la) viande ?「もっとお肉がほしい？」
　部分冠詞の女性形③ de la が正解です。ここで viande「肉」は、これから食べる具体的で不特定な量としてとらえられているので、定冠詞や不定冠詞ではなく、部分冠詞がつきます。viande が女性名詞であることがわからなくても、男性形の部分冠詞 du が選択肢にないので、必然的に正解をみちびきだすことができます。
　得点率は 66％ でした。

　問題①全体の得点率は 68％ でした。
解　答　(1) ④　　(2) ①　　(3) ⑤　　(4) ③

② 対話文で用いられる代名詞についての問題です。人称代名詞（直接目的・間接目的・強勢形）のほか、指示代名詞や en、y といった中性代名詞も出題されます。
解　説
(1) — Comment trouves-tu cette robe ?「このドレス、どう思う」
　 — Elle est jolie. Elle (te) va très bien.「きれいだね。とても君に似合っているよ」
　まず、応答の 2 つの文の主語 Elle は「彼女」ではなく、cette robe「こ

のドレス」を受けていることを確認しておきましょう。さて aller は、「行く」だけでなく、bien をともなって「元気である」という状態を表わしたり、また次に動詞の不定詞をとって、近接未来の表現になったりもすることについては、5級レベルの知識としてすでにご存じでしょう。しかし4級レベルでは、この aller が「～（もの）が～（人）に似合う」という意味を表わすことも知っておかなければなりません。

　ここで主語になるのは、人が身に着ける「もの」であり、だれに似合うのかについては〈à＋人〉、つまり間接目的語で示します。このとき〈à＋人〉が代名詞で表わされることもしばしばありますから、注意しましょう。また代名詞の場合、当然動詞の前に置かれます。この設問の選択肢はすべて代名詞ですが、①la は直接目的の代名詞なのでまず排除されます。次に、②se は主語と同じものを指す再帰代名詞で、代名動詞を構成しますが、aller とは結びつかず、そもそも意味をなしません。③te「君に」のみが、間接目的「～に」を表わすことのできる代名詞であり、正解となります。〈A（もの）＋aller＋à B（人）[間接目的]〉「A が B に似合う」の形で覚えておきましょう。けっして難解ではなく、日常よく用いられる表現です。

　しかしながら、得点率は 28％ と、きわめて低調でした。

(2) ― Donnez-moi ce sac, s'il vous plaît ?「そのバッグ、ください」
― (Celui)-là ?「そちらの（バッグ）ですか」

　問いの文の sac「バッグ」の繰り返しを避けて、応答文では指示代名詞を用います。選択肢①Celle は女性単数形、②Celui は男性単数形、③Ceux は男性複数形の名詞にかわる指示代名詞です。ここでは sac は単数で、指示形容詞 ce の形から男性名詞であることがわかりますので、②Celui が正解です。なお、代名詞のあとに何らかの限定（この場合は、-là「そちらの」）がくる場合にこの指示代名詞を使います。ここではバッグが複数あり、そのどれかを示すために Celui-là が使われています。ふつう指示代名詞に -ci がつくと手前のもの、là がつくと遠いものというように、遠近の区別を示しますが、たんに2つのものを区別するためだけにも用いられます。したがって本問の場合も、そのように考えれば、日本語訳は「こちらの（バッグ）」でもかまいません。

　得点率は 69％ でした。

(3) — Est-ce que monsieur et madame Dupont ont des enfants ?「デュポン夫妻にはお子さんがいますか」— Oui, ils (en) ont quatre.「はい、4人います」

応答文の動詞は avoir「もつ」という他動詞なので、空欄には enfants「子ども」を直接目的語としてうける代名詞が入ります。まず選択肢③ leur「彼らに」は、間接目的語ですから排除されます。②の les は直接目的の人称代名詞ですが、定冠詞と同じ形をとるこの3人称の代名詞は、名詞を特定化されたものと見なすときに用いられます。

しかし本問の場合、enfants に不定冠詞の des がついていることからもわかるように、お互いのあいだで、子どもたちはまだ特定化されていません。このように、不定冠詞や部分冠詞、数詞や数量副詞などがついて不特定とみなされる名詞を直接目的の代名詞にかえるときには、中性代名詞の en を使います。したがって①が正解となります。またその数や量を示したいときには、数詞や副詞を後置します。

得点率は 49% でした。中性代名詞 en の用法に関する問題は例年成績が今ひとつです。しっかりと対策を行いましょう。

(4) — Ton ami arrive aujourd'hui ?「あなたの友だちはきょう着くの?」— Oui, je vais (le) chercher à l'aéroport.「うん、空港まで彼を迎えにいくんだ」

返答文で、空欄の前後が je vais ... chercher となっていることから、〈aller + 不定詞〉「～しにいく」の表現だということがわかります。chercher は「さがす」の意味ですが、〈aller chercher + 人〉で「(人)を迎えにいく」の意味で用います。空欄に入るのは ton ami「あなたの友だち」をうける代名詞 (3人称) で、しかも chercher「さがす」という動詞の直接目的語になります。つまり「彼を」を表わす代名詞を選択すればよいのです。

① la は直接目的語となる人称代名詞の3人称単数形ですが、女性名詞をうけます。また③ lui は「彼に、彼女に」を表わす間接目的の人称代名詞です。したがって正解は②の le「彼を」となります。

得点率は 58% でした。

(5) — Vous avez déjà été en Italie ?「イタリアに行ったことはありますか」— Oui, nous (y) sommes allés l'année dernière.「はい、去年行きま

2015 年度秋季 4 級筆記試験　解説・解答

した」

　応答文は、問いの文の en Italie「イタリアに」をうけて、「そこに去年行った」と答えているですから、空欄には「イタリアに」en Italie という場所にかわる中性代名詞が入ります。選択肢③ y が正解です。y はこの問題の〈場所を示す前置詞＋名詞〉のほか、一般に〈à＋名詞（事物）〉をうけることもできます。

　選択肢① en は、先の設問(3)のように不特定な名詞を直接目的語でうけたり、あるいは〈de＋名詞〉のかわりに用いる代名詞です。② vous では、直接目的語「あなたを」であれ、間接目的語「あなたに」であれ、意味の通った文になりません。

　得点率は 76％ でした。

　問題2全体の得点率は 56％ で、筆記、聞き取りすべての問題のなかで、もっとも低い数字となりました。本問に対する意識的な対策が求められます。

解　答　　(1) ③　　(2) ②　　(3) ①　　(4) ②　　(5) ③

3　3 つの選択肢から適切な文を選び、対話文を完成する問題です。

解　説

　(1) A の最初の文 Est-ce que je peux inviter mes amis ? は「友だちをうちに呼んでもいい？」という意味ですから、B の応答は① Bien sûr. Ils sont combien ?「もちろんいいよ。友だちは何人」、または② Oui, mais quand ?「いいよ。来るのはいつ」のどちらかが該当します。選択肢③ Si, ça va.「いいえ、元気だよ」の Si は、否定の疑問文に対して肯定で答えるときに用います。となると、選択肢③への問いとして想定されるのは、Ça ne va pas ?「調子がよくないの」でなければなりません。

　さて、A は 2 番目の文で、Lundi prochain.「来週の月曜」と応じているのですから、B は友だちの人数ではなく、来るのはいつかを尋ねているのです。したがって、②が正解となります。

　得点率は 89％ でした。

　(2) A の最初の文 Pierre est déjà rentré du Japon ? は「ピエールはもう

日本からもどりましたか」の意です。B はこれに対する応答ですから、選択肢のうち、①Non, il n'est pas malade.「いいえ、彼は病気ではありません」がまず排除されます。次に A は 2 つ目の文で、Alors, on va manger avec lui ce week-end ?「それでは、今週末彼といっしょに食事をしましょうか」と述べていることから、③Pas encore. Il arrivera jeudi soir.「まだです。木曜の夜に着きます」が正解だと判断できます。②Non. Il restera encore un mois là-bas. は「いいえ、あと 1 ヵ月あちらにいます」の意ですから、2 つ目の A の発言とは対応しません。

得点率は 64% でした。

(3) Quel temps fait-il aujourd'hui ?「きょうはどんな天気ですか」という A の問いに対し、①Il va nous voir.「彼は私たちとこれから会うんだ」では応答が成立しません。B に該当するのは②または③のどちらかになります。このうち、②Il vient de commencer à pleuvoir.「雨が降り始めたところだ」は、次の A の文 Ah, la saison des pluies est enfin finie.「ああ、（雨の季節→）梅雨がやっと終わったんだ」とつながりません。③Il y a du soleil.「（太陽の光がある→）晴れです」が正解になります。この場合の soleil は陽光の意味で、du はそれを量として示す部分冠詞です。また①は〈aller + 不定詞〉で近接未来、②は〈venir de + 不定詞〉で近接過去になっています。②の主語の Il は天候を表わす非人称主語。現在形で「雨が降る」は il pleut ですが、ここでは不定詞 pleuvoir「雨が降る」の前に commencer à ～「～し始める」が置かれ、さらにそれが近接過去となっているのです。

あわせて、天候を尋ねる表現 Quel temps fait-il ? をしっかり身につけてください。主語は非人称の il、動詞は faire を用います。また temps には「時間」の意味もありますが、この場合は「天候」の意味です。時刻を問う Quelle heure est-il ? と混同しないようにしましょう。

得点率は 55% でした。

(4) A は最初に Tu aimes danser ?「踊るのは好き？」と述べており、これに対して、B が①Je vais bien. Et toi ?「元気です。あなたは？」と返すのは明らかに不自然です。残る選択肢は、②Non, pas tellement. Et toi ?「いいえ、そんなに（好きじゃありません）。あなたは？」と、③Oui, beaucoup.

Et toi ?「とても（好きです）。あなたは？」の2つですが、A は次に Moi non plus.「私も（そうではない）」と述べていることから、②が正解であることがわかります。「私も〜だ」と肯定で答えるときの Moi, aussi. はもちろん、本問のように「私も〜ない」と否定で答えるときの Moi, non plus. の表現もおろそかにしてはいけません。

　得点率は 43% と、本問のなかでは最低となりました。

　問題 3 全体の得点率は 63% でした。
　解　答　(1) ②　　(2) ③　　(3) ③　　(4) ②

4　あたえられた日本語の意味になるように、適切な動詞の活用形を選択する問題です。
　解　説
　(1)「今夜、ぼくたち早く寝るね」
　この文の主語 on は、「ぼくたち」の意で nous のかわりに用いられていますが、文法上は 3 人称単数の代名詞としてあつかわれます。また「寝る」を表わす代名動詞 se coucher は、活用の際、再帰代名詞 se を主語に一致させなければなりません。選択肢①me couche は 1 人称単数主語 je に、また②nous couchons は 1 人称複数主語 nous に対応しているのでいずれも不適切です。正解となる 3 人称単数の主語に対する活用形は、③se couche となります。
　ここでのポイントは、主語の on はたとえ意味が複数であっても文法上は単数あつかいであること、そして代名動詞の再帰代名詞は 3 人称で se となることです。
　得点率は 42% とふるいませんでした。日本語の「ぼくたち」に引きずられ、②nous couchons を選んだ人が多かったのではないかと推測されます。

　(2)「生徒たちは奈良でたくさんの写真を撮りました」
　写真を「撮る」というときには、動詞に prendre（過去分詞は pris）を用います。この設問文は、いま現在から見て完了している行為（「撮りました」）を表わしているので、時制は複合過去〈avoir + 過去分詞〉になり

ます。主語は Les élèves「生徒たち」と 3 人称複数ですから、③ont pris が正解。①a pris は 3 人称単数 il / elle の主語を、②avez pris は 2 人称 vous の主語を取ります。

得点率は 83% でした。

(3)「ポール、宿題をすませなさい」
命令形にする問題です。命令形には、tu で話す相手、vous で話す相手、および相手を含めた自分（nous：〜しましょう）の 3 つのパターンがあります。選択肢はすべて動詞 finir の活用形ですが、③finit は直説法現在 3 人称単数の活用形で命令形ではありません。残る①finis は tu に対する命令形、②finissez は vous に対する命令形です。

設問文では、ポールという 1 人の相手に tu で話しかけていることが、tes devoirs「（あなたの）宿題」の所有形容詞 tes からわかります。したがって、正解は①となります。tu に対する命令形では語尾の s が落ちると思い込んで、①を正解としなかった人もいるかもしれません。しかし、そのようになるのは tu の活用語尾が tu chantes, tu ouvres のように -es で終わる場合です。

得点率は 59% でした。

(4)「私たちはこの夏スペインに行きます」
日本語の文から、未来の内容であることがわかります。選択肢はすべて動詞 aller の 1 人称複数 (nous) の活用形です。①allions は語尾が -ions であることから半過去と判断でき、また③sommes allées は〈助動詞 être + 過去分詞〉の形から複合過去だと容易にわかります。正解は aller の単純未来形である②irons です。

単純未来形の語尾変化はあらゆる動詞に共通しますが、その特徴はすべての人称変化に r が現れることです。またよく用いられる動詞の単純未来形には特殊な語幹をもつものが少なくありません。aller → j'irai, faire → je ferai, voir → je verrai などは記憶に留めておきたいものです。

得点率は 51% でした。

(5)「私は歌手になりたかったんだ」
選択肢はいずれも動詞 vouloir の半過去形です。①voulaient は語尾の

-aient から 3 人称複数、②voulais は -ais から 1 人称単数か 2 人称単数、③voulait は -ait から 3 人称単数であることがわかります。主語は Je なので正解は②になります。過去の行為や事件を今から見て完了したものと見なす複合過去に対し、半過去は過去のある時点で進行中の事がらや状況を表わします。

得点率は 81% でした。

問題 4 全体の得点率は 63% でした。
解　答　(1) ③　　(2) ③　　(3) ①　　(4) ②　　(5) ②

5　選択肢①〜④の語句を並べかえて文を完成させる問題です。
解　説
(1) まず、形容詞 bon の優等比較級④meilleur が大きなヒントになります。bon は名詞の後ではなく前に置かれること、さらに最上級はかならず定冠詞を伴うことを思い出せば、le meilleur film「もっとも良い映画」という語のまとまりが見えてきます。残る①de は最上級のおよぶ範囲を表わす前置詞「〜のなかで」ですから、C'est le meilleur (film) de l'année.「これはこの 1 年（のなか）でもっとも良い映画だ」となり、②が正解です。

得点率は低く、40% でした。meilleur が bon の優等比較級であることがきちんとマスターできていなかったためと考えられます。副詞 bien の優等比較級 mieux と最上級 le mieux もあわせて確認しておきましょう。

(2) 選択肢のなかに②ne と③pas があることから否定文だとわかります。また動詞が 2 つありますが、①jouer は不定詞、④viennent は現在形 3 人称複数の活用形です。否定の ne と pas は主語に続く動詞、つまり④viennent の前後にくるので、Ils ne viennent (pas) jouer chez moi.「彼らは私の家に遊びにこない」となり、③が正解です。〈venir de ＋不定詞〉は近接過去「〜したところだ」を表わしますが、〈venir ＋不定詞〉は「〜しにくる」という意味になります。

得点率は 83% でした。

(3) 選択肢のなかで、名詞は②chanson（女性名詞）のみ。①anglaise「イ

ギリスの」という形容詞は女性単数形になっており、chanson を修飾することがわかります。③une は女性単数の不定冠詞で名詞と形容詞の前に置かれます。④vieille「古い」は形容詞の女性単数形（男性単数形は vieux）でやはり chanson にかかります。問題は形容詞の語順ですが、国名を表わす形容詞はつねに名詞のあとに置かれます。また vieux / vieille「古い」といった日常よく使われる短めの形容詞は名詞の前にきます。したがって Je connais une vieille (chanson) anglaise.「私はあるイギリスの古い歌を知っている」となり、②が正解となります。

　得点率は 61％ でした。

(4) 数量を表わす副詞②combien と④de を組み合わせて、combien de...「どれだけの〜」という表現が思いつけばしめたものです。そして combien de は、③の cours「授業」とつながります。動詞①as は主語 Tu の次にくるので、Tu as combien (de) cours le vendredi ?「君は金曜日にいくつ授業があるの」となります。正解は④です。vendredi の前に定冠詞 le がつくことによって毎週金曜日という意味になります。

　得点率は 69％ でした。

(5) 選択肢のなかで主語になり得るのは②il のみ、また動詞も①faut だけなので、簡単に il faut とつながります。これは動詞 falloir を用いた、必要性を表わす非人称表現です。また④un と③peu、および外の de がひとつになって un peu de...「少しの〜」を構成していることも見てとれます。したがって、Il faut (un) peu de sel.「塩が少々必要だ」となり、④が正解となります。Il faut のあとにはこの文のように名詞がくることもありますが、動詞の不定詞が続くこともあります。後者の場合は「〜する必要がある→〜しなければならない」という意味になります。

　得点率は 92％ と本問でもっとも高い数字となりました。

　問題⑤全体の得点率は 69％ でした。

解　答　(1) ②　　(2) ③　　(3) ②　　(4) ④　　(5) ④

6　文意に則し、適切な前置詞を選択する問題です。

解説

(1) Elle partira en France (dans) trois jours.「彼女は 3 日後にフランスに出発する」

前置詞 dans は「～（のなか）で」という場所も示せますが、このように「～後に」という時間を表わすこともできます。正解は②です。

Mon père revient des États-Unis dans une semaine.「父は 1 週間後に米国から帰ってきます」(『仏検公式基本語辞典』p.74)

得点率は 67% でした。

(2) Il font du ski (en) hiver.「彼は冬にスキーをする」

季節を示す名詞の前について、「～に」という時を表わすときには、「春に」au printemps、「夏に」en été、「秋に」en automne、「冬に」en hiver となります。したがって正解は②です。子音で始まる printemps だけが au で、そのほか母音で始まる季節には en がつくと覚えておけばよいでしょう。③pendant は期間をあらわす前置詞で「～の間に」の意味です。

Tu rentres au Japon pendant les vacances ?「君は休暇中に日本に帰るのですか」(『仏検公式基本語辞典』p.208)

得点率は 53% でした。

(3) Il y a une rivière (entre) les deux villages.「2 つの村の間には川がある」

選択肢①chez は「～の家で」の意を表わします。また③sans は「～なしで」の意味。②entre「～の間に」が正解となります。entre は 2 つの場所の間だけではなく、時間的にも用いることができます。

Je déjeune entre midi et une heure.「私は正午から 1 時の間に昼食をとる」(『仏検公式基本語辞典』p.101)

得点率は 63% でした。

(4) Téléphonez-moi (avant) midi.「正午までに私に電話をください」

選択肢②par は、「～で」（手段・方法）、「～ごとに」（基準・単位）、「～を通って」（通過）、「～によって」（動作主）などを表わします。また③sous は「～の下で」という場所を示す前置詞。midi「正午」という時間を意味

する名詞の前に置くことができるのは、①avant「〜の前に」だけです。得点率は 70% でした。

問題 6 全体の得点率は 63% でした。
解　答　(1) ②　　(2) ②　　(3) ②　　(4) ①

7　フランス語の文(1)〜(6)の内容に対応する場面を、9つのイラストから選ぶ問題です。
解　説
(1) Pierre dort bien.「ピエールはよく眠っている」
dormir は「眠る」という意味の動詞ですから、②が正解です。

(2) Pierre écrit une lettre.「ピエールは手紙を書いている」
écrire une lettre は「手紙を書く」の意で、③が正解です。また〈écrire à + 人［間接目的語］〉で「（人）に手紙を書く」という表現になります。

(3) Pierre essaie une veste.「ピエールはジャケットを試着している」
essaie の不定詞は essayer で「試す、試着する」の意味。正解は⑤になります。

(4) Pierre lit dans le train.「ピエールは電車の中で読書をしている」
lit の不定詞は lire。この場合は自動詞で「読書をする」の意味なので、⑧が正解です。また lire は他動詞として直接目的語をとることもあります。Tu lis ce journal ?「この新聞読んでる？」（『仏検公式基本語辞典』p.161）

(5) Pierre se lave les mains.「ピエールは手を洗っている」
〈代名動詞 se laver + 定冠詞 + 身体の部分〉で「（自分の）〜を洗う」という表現になります。そのとき、だれの身体なのかは再帰代名詞 se で示されます。なおこの場合、からだの部分が直接目的になり、再帰代名詞が間接目的となります。正解は⑨です。

(6) Pierre se promène sur la plage.「ピエールは海岸を散歩している」

代名動詞 se promener は「散歩をする」の意、また plage は海岸や浜辺を指すので、正解は④です。このとき再帰代名詞 se は「自分自身を」を表わす直接目的語の役割をしています。「自分自身を散歩させる」→「散歩する」という構造になっているのです。

　得点率は⑴ 52％ ⑵ 98％ ⑶ 82％ ⑷ 75％ ⑸ 76％ ⑹ 47％、問題 7 全体では 72％ でした。
　解　答　⑴ ②　　⑵ ③　　⑶ ⑤　　⑷ ⑧　　⑸ ⑨　　⑹ ④

8　会話文を読み、設問⑴～⑹の日本語の文がその内容に一致するかどうかを判断します。
　解　説
　⑴「ジュリアンはすでに出発の準備を終えていた」
　冒頭、クリスチーヌから Tu es prêt ?「準備できた？」と聞かれて、ジュリアンは Non !「まだ」と答えています。会話の内容に一致していません。

　⑵「ジュリアンは飛行機のチケットを机の上に置いていた」
　飛行機のチケットが見つからないジュリアンに、クリスチーヌは、Tu les as mis sur ton bureau.「あなた、自分の机の上に置いたわよ」と言っています。これに対してジュリアンは、Ah ! C'est vrai ! Merci !「ああ、その通り。ありがとう」と言っているのですから、会話の内容に一致しています。

　⑶「ジュリアンは両親へプレゼントを持っていく」
　Et tu as pris le cadeau pour tes parents ?「あなたの両親へのプレゼントは持った？」と尋ねるクリスチーヌに、ジュリアンは Mais oui !「もちろん」と返しているので、会話の内容に一致しています。この mais は「しかし」という逆接を表わしているのではありません。oui を強調しているのです。

　⑷「クリスチーヌは携帯電話をさがしたが、見つけられなかった」
　Et toi, tu as mis ton portable ?「それで、君は携帯持ったのかい」とやり返すジュリアンにクリスチーヌは、Attends... Oui, c'est bon. Allons-y !

「ちょっと待って…ええ、だいじょうぶよ。さあ行きましょう」と答えているので、この設問は会話の内容とは一致していません。

(5)「クリスチーヌとジュリアンが乗る飛行機は 1 時間後に出発する」
 Il est déjà huit heures !「もう 8 時だ」とあせるジュリアンに、クリスチーヌは、Oh là là ! L'avion part à dix heures !「あらら、飛行機は 10 時に出るのよ」と言っているのですから、2 時間後ということになり、会話の内容と一致しません。

(6)「ジュリアンはタクシーをすでに呼んでいた」
 クリスチーヌはジュリアンに Tu as appelé un taxi ?「タクシー呼んだ？」と尋ねますが、ジュリアンの答えは Désolé, pas encore...「ごめん、まだなんだ…」。これも会話の内容と一致していません。

　得点率は(1) 98％ (2) 79％ (3) 97％ (4) 90％ (5) 89％ (6) 88％、問題 8 全体では 90％ でした。

[解 答] (1) ②　　(2) ①　　(3) ①　　(4) ②　　(5) ②　　(6) ②

聞き取り試験
解説・解答

1 フランス語の文を聞き取り、その内容にふさわしい場面を6つのイラストから選ぶ問題です。
（読まれる文）

(1) Bonnes vacances !
(2) Vous tournez à droite.
(3) Lève-toi !
(4) Ça fait combien ?

解説

(1) Bonnes vacances !「よいバカンスを」と述べている文ですから、駅のホームでスーツケースをもった女性たちに、もうひとりの女性が手を振りながら声をかけている④が正解です。
　得点率は88％でした。

(2) Vous tournez à droite. は「右に曲がってください」の意で、女性が老人に右に曲がるように指さしながら道を教えている①のイラストが正解です。あわせてà gauche「左に」、tout droit「まっすぐ」など、道案内の表現を確認しておきましょう。
　得点率は70％でした。

(3) Lève-toi !「起きなさい」は、代名動詞 se lever の命令形です。Tu te lèves.「君が起きる」から主語の Tu を削り、te を強勢形の toi にかえて倒置し、さらに lèves の s を取った形。子どもを起こそうとしている母親が描かれた②が正解です。
　得点率は66％でした。

(4) Ça fait combien ?「おいくらになりますか」と尋ねています。くだものを袋に入れて、差し出す男性に対し、女性が財布を開けて尋ねている⑥が正解になります。値段を聞くときに、C'est combien ? や Ça coûte combien ? といった表現もよく使われますが、それは個々の品物の値段を尋ねる場合です。全部でいくらになるかを聞くときには Ça fait combien ? を用います。
得点率は 86％ でした。

問題①全体の得点率は 77％ でした。
[解 答] (1) ④　(2) ①　(3) ②　(4) ⑥

② フランス語の質問を聞き取り、適切な応答を 2 つの選択肢から選びます。
（読まれる質問）

---
(1) Où vas-tu, Jacques ?
(2) Il vient comment à Paris ?
(3) Tu parles quelles langues ?
(4) Vous n'êtes pas libre demain matin ?

[解 説]
(1)「どこに行くの、ジャック」という質問です。場所を尋ねているのですから、①À l'hôpital.「病院へ」が正解になります。②Avec mon frère.「兄[弟]といっしょに」は、たとえば Avec qui... ?「だれといっしょに…」と尋ねられた場合の応答の表現になります。
得点率は 88％ でした。

(2)「彼はどうやってパリに来るの」という質問で、移動の手段について聞いています。①Cette nuit.「今夜」のように時間を答えてはとんちんかんな応答になります。②En voiture.「車で」が正解です。車のほか、avion 飛行機、train 列車など、乗りものを移動の手段として表わすときの前置詞は、多くの場合 en を用います。
得点率は 80％ でした。

(3) 質問の意味は「君はどんな言語を話すの」ですから、①Le français et le japonais.「フランス語と日本語」が正解です。②Le piano et la guitare.「ピアノとギター」では意味の通る応答にはなりません。

(4)「明日の朝はお暇ではないのですか」という質問ですから、①Non, je ne suis pas libre.「ええ、暇ではありません」が正解になります。②のように Si で答えるなら、Si, je suis libre.「いいえ、暇です」としなければいけません。② Si, je suis occupé. は「いいえ、とても忙しいです」という意味ですから、見当はずれの返答です。

得点率は 51% でした。

問題 2 全体の得点率は 76% でした。

解　答　(1) ①　　(2) ②　　(3) ①　　(4) ①

3　フランス語の文にふくまれる数を聞き取る問題です（発音の仮名表記については、第1部 p.13 の一覧を参照してください）。
（読まれる文）

---
(1) Il habite quatre-vingt-un, boulevard Saint-Michel.
(2) Mon père va avoir soixante-neuf ans.
(3) Je cherche la salle quarante-six.
(4) Ça coûte trente-cinq euros.

解　説

(1)「彼はサン-ミシェル大通り 81 番地に住んでいます」

quatre-vingt-un「81」が正解です。quatre-vingt-un は [katrəvɛ̃œ̃ カトルヴァンアン] と発音します。この問題では数詞のあとにカンマがあるため、アンシェヌマンなどによる音の変化はありません。

得点率は 74% でした。

(2)「私の父はもうすぐ69歳になります」

soixante-neuf「69」が正解です。soixante-neuf は [swasɑ̃tnœf ソワサントヌフ] と発音します。ここでは neuf とそのあとにつづく ans のあいだでアンシェヌマンが生じ、neuf ans の部分がひとまとまりに [nœvɑ̃ ヌヴァン] と発音されています。neuf はうしろに ans または heures がつづく場合のみ、[nœvɑ̃ ヌヴァン]、[nœvœːr ヌヴール] と発音し、語尾の [f フ] が [v ヴ] に変わります。

得点率は 62% でした。

(3)「46号室をさがしています」

quarante-six「46」が正解です。quarante-six の発音は単独では [karɑ̃tsis カラントスィス] で、数詞が文の最後に置かれているため、アンシェヌマンなどによる音の変化はありません。

得点率は 78% でした。

(4)「それは35ユーロです」

trente-cinq「35」が正解です。trente-cinq は [trɑ̃tsɛ̃k トラントサンク] と発音します。この文では数詞のあとに母音で始まる euros [øro ウロ] と合わせ、trente-cinq euros の部分がひとまとまりに [trɑ̃tsɛ̃køro トラントサンクろ] と発音されています。

得点率は 70% でした。

問題3 全体の得点率は 71% でした。

解答　(1) 81　(2) 69　(3) 46　(4) 35

4 会話文を聞き取り、日本語の文(1)〜(5)がその内容に一致するかどうかを判断する問題です。
（読まれる会話）

Philippe : Le train de Takashi va bientôt arriver.
　Sophie : On y va.
Philippe : D'accord.
　Sophie : Où est-ce qu'on va avec lui ?
Philippe : Il veut visiter le musée.
　Sophie : Le musée est fermé ! Nous sommes mardi.
Philippe : C'est vrai. Alors, qu'est-ce qu'on va faire ?
　Sophie : On peut visiter le château ?
Philippe : Bonne idée.

解 説

(1)「タカシの列車はすでに駅に着いている」
　冒頭のフィリップの発言 Le train de Takashi va bientôt arriver.「タカシの乗った列車がもうすぐ着くよ」から、タカシの列車はまだ駅に着いていないことがわかります。会話の内容とは一致しません。

(2)「タカシは美術館に行きたい」
　Où est-ce qu'on va avec lui ?「彼（タカシ）とどこに行こうか」と尋ねるソフィに、フィリップは、Il veut visiter le musée.「彼は美術館に行きたがっている」と答えていますので、会話の内容に一致しています。

(3)「きょうは美術館は休館日である」
　ソフィは、Le musée est fermé !「美術館は休みだわ」と言っています。きょうは休館日なのです。会話の内容に一致しています。

(4)「きょうは月曜日である」
　ソフィはつづけて、Nous sommes mardi.「きょうは火曜日」と言っているので、会話の内容とは一致しません。

195

(5)「ソフィは城を見にいくことをフィリップに提案する」

C'est vrai. Alors, qu'est-ce qu'on va faire ?「そうだね。それじゃあ、何をしようか」と困っているフィリップに、ソフィが On peut visiter le château ?「お城を見学するのはどうかしら」と提案し、フィリップは Bonne idée「いい考えだね」と答えています。したがって会話の内容と一致しています。

得点率は(1) 51% (2) 88% (3) 88% (4) 72% (5) 94%、問題 4 全体では 78% でした。

解答　(1) ②　(2) ①　(3) ①　(4) ②　(5) ①

配点表

筆記試験	1	2	3	4	5	6	7	8	小計	聞き取り	1	2	3	4	小計	計
	8点	10	8	10	10	8	6	6	66		8	8	8	10	34	100

学校別受験者数一覧

2015年度春季　＜大学・短大別出願状況＞

出願者数合計が10名以上の学校を抜粋しました（50音順）。

	学校名	合計		学校名	合計		学校名	合計
団体	愛知県立大学	17	団体	甲南大学	12	団体	東北学院大学	13
	愛知大学	15	団体	神戸大学	24		東北大学	14
	青山学院大学	78	団体	國學院大學	15		東洋大学	50
団体	茨城キリスト教大学	27	団体	国際教養大学	36	団体	獨協大学	103
団体	宇都宮大学	20		国際基督教大学	15		富山大学	29
	愛媛大学	12	団体	駒澤大学	13		長崎外国語大学	41
団体	大分県立芸術文化短期大学	12		首都大学東京	15	団体	名古屋外国語大学	78
団体	大阪教育大学	23		城西国際大学	13		名古屋大学	12
団体	大阪産業大学	11	団体	上智大学	85	団体	奈良女子大学	11
	大阪市立大学	12		昭和女子大学	23		南山大学	36
	大阪大学	71		白百合女子大学	84		新潟大学	18
	大妻女子大学	19		椙山女学園大学	37		日本女子大学	21
団体	お茶の水女子大学	115		成城大学	64		日本大学	165
団体	学習院大学	64		聖心女子大学	28		広島大学	16
	鹿児島大学	11		西南学院大学	78		フェリス女学院大学	22
団体	神奈川大学	11		専修大学	14		福岡大学	34
団体	金沢大学	31		創価大学	24		福山市立大学	16
団体	関西外国語大学	45		大東文化大学	30		法政大学	104
	関西大学	48		拓殖大学	67		北星学園大学	15
	関西学院大学	122		千葉大学	39		北海道大学	13
団体	神田外語大学	10		中央大学	151		松山大学	16
	九州大学	18		中京大学	22	団体	武庫川女子大学	21
団体	京都外国語大学	97		筑波大学	21		武蔵大学	45
団体	京都産業大学	75		津田塾大学	36		明治学院大学	67
	京都大学	26		帝京大学	23		明治大学	139
	共立女子大学	24		東海大学	71		横浜国立大学	13
団体	金城学院大学	69		東京外国語大学	13		立教大学	111
団体	熊本大学	10		東京女子大学	11		立命館大学	111
団体	慶應義塾大学	214		東京大学	74		龍谷大学	16
団体	甲南女子大学	17		同志社大学	44	団体	早稲田大学	176

2015年度春季　＜小・中・高校・専門学校別出願状況＞

出願者数合計が5名以上の学校を抜粋しました（50音順）。

	学校名	合計		学校名	合計		学校名	合計
団体	埼玉県立伊奈学園総合高等学校	58		慶應義塾湘南藤沢中・高等部	5	団体	同志社国際中学校・高等学校	9
団体	大阪聖母女学院中学校・高等学校	16	団体	神戸海星女子学院中学・高等学校	9	団体	同朋高等学校	10
	大妻中野中学校・高等学校	19		兵庫県立国際高等学校	7		大阪市立西高等学校	8
	学習院女子中・高等科	6		岩手県立不来方高等学校	10		日本外国語専門学校	32
	神奈川県立神奈川総合高等学校	14		白百合学園中学高等学校	84		福島県立福島南高等学校	8
	カリタス女子中学高等学校	56		聖ウルスラ学院英智高等学校	81		雙葉中学校・高等学校	7
	神田外語学院	5		聖ドミニコ学園中学高等学校	29		大阪府立松原高等学校	6
	暁星国際学園小学校	6		聖母被昇天学院中学校・高等学校	30		神奈川県立横浜国際高等学校	36
	暁星中学・高等学校	24		東京学芸大学附属国際中等教育学校	5		立命館宇治中学校・高等学校	14
	慶應義塾高等学校	6		東京女子学院中学校高等学校	10		早稲田大学高等学院	7

2015年度秋季　＜大学・短大別出願状況＞

出願者数合計が 10 名以上の学校を抜粋しました（50 音順）。

	学 校 名	合計		学 校 名	合計		学 校 名	合計
団体	愛知県立大学	108	団体	神戸大学	15		東洋大学	57
	愛知大学	17	団体	國學院大學	10	団体	常葉大学	28
団体	青山学院大学	136	団体	国際教養大学	49	団体	獨協大学	98
団体	亜細亜大学	50		国際基督教大学	10	団体	富山大学	29
	跡見学園女子大学	16	団体	駒澤大学	18	団体	長崎外国語大学	27
団体	茨城キリスト教大学	48	団体	静岡県立大学	14	団体	名古屋外国語大学	73
	岩手大学	23		静岡文化芸術大学	10		名古屋造形大学	24
団体	宇都宮大学	15		首都大学東京	12	団体	奈良女子大学	21
団体	大阪教育大学	26	団体	城西大学	15	団体	南山大学	50
団体	大阪産業大学	10	団体	上智大学	125		新潟大学	29
	大阪市立大学	10	団体	昭和女子大学	16		日本女子大学	43
団体	大阪大学	90	団体	白百合女子大学	132	団体	日本大学	396
団体	大妻女子大学	13		杉野服飾大学	10		一橋大学	13
	岡山大学	14	団体	椙山女学園大学	26		弘前大学	16
団体	沖縄国際大学	18	団体	成城大学	213		広島修道大学	12
	小樽商科大学	18	団体	聖心女子大学	71		広島大学	13
団体	お茶の水女子大学	78	団体	西南学院大学	91	団体	フェリス女学院大学	40
団体	学習院大学	132	団体	専修大学	23		福岡女子大学	24
団体	金沢大学	43	団体	創価大学	16	団体	福岡大学	70
団体	関西外国語大学	59		大東文化大学	43		福岡大学	15
	関西大学	63	団体	拓殖大学	314	団体	文京学院大学	17
	関西学院大学	103	団体	千葉大学	48	団体	法政大学	110
団体	関東学院大学	10	団体	中央大学	189	団体	北星学園大学	22
団体	九州産業大学	11		中京大学	26		北海道大学	12
	九州大学	23		筑波大学	30		松山大学	27
団体	京都外国語大学	135		津田塾大学	42		宮崎大学	21
団体	京都産業大学	102	団体	帝京大学	22	団体	武庫川女子大学	132
	京都女子大学	30	団体	東海大学	108	団体	武蔵大学	44
	京都大学	23		東京外国語大学	24		武蔵野大学	45
団体	共立女子大学	42		東京学芸大学	10		武蔵野美術大学	32
	近畿大学	19		東京家政大学	23	団体	明治学院大学	87
団体	金城学院大学	72		東京大学	64	団体	明治大学	192
	熊本大学	16		東京理科大学	23		横浜国立大学	11
	群馬大学	20		同志社女子大学	19		立教大学	152
団体	慶應義塾大学	384	団体	同志社大学	49	団体	立命館大学	115
	工学院大学	31		東北学院大学	24		龍谷大学	18
	甲南女子大学	15		東北大学	11		早稲田大学	409
団体	甲南大学	19		東洋英和女学院大学	19			

2015年度秋季　＜小・中・高校・専門学校別出願状況＞

出願者数合計が 5 名以上の学校を抜粋しました（50 音順）。

	学 校 名	合計		学 校 名	合計		学 校 名	合計
団体	埼玉県立伊奈学園総合高等学校	37	団体	暁星中学・高等学校	21	団体	聖母被昇天学院中学校・高等学校	41
団体	大阪暁光女学院中学校・高等学校	12	団体	慶應義塾高等学校	11		東京学芸大学附属国際中等教育学校	6
団体	大妻中野中学校・高等学校	51		慶應義塾女子高等学校	5		東京女子学院中学校高等学校	25
団体	小林聖心女子学院高等学校	9	団体	神戸海星女子学院中学・高等学校	46	団体	同志社国際中学校・高等学校	13
	学習院女子中・高等科	10		兵庫県立国際高等学校	8		日本外国語専門学校	23
	神奈川県立神奈川総合高等学校	22	団体	岩手県立不来方高等学校	19		日本女子大学附属中学校・高等学校	6
団体	カリタス小学校	50	団体	白百合学園中学高等学校	137	団体	雙葉中学校・高等学校	24
団体	カリタス女子中学高等学校	64		大阪府立住吉高等学校	9		明治大学付属中野八王子中学校・高等学校	5
団体	神田外語学院	12		聖ウルスラ学院英智高等学校	67	団体	神奈川県立横浜国際高等学校	29
	暁星国際学園小学校	10		成城学園中学校高等学校	5			
	暁星国際中学・高等学校	5	団体	聖ドミニコ学園中学高等学校	45			

文部科学省後援
実用フランス語技能検定試験
2016 年度版 4 級仏検公式ガイドブック
傾向と対策＋実施問題
（CD 付）

定価（本体 2,100 円＋税）

2016 年 4 月 1 日 発行

編　者　公益財団法人　フランス語教育振興協会
発 行 者

発行所　公益財団法人　フランス語教育振興協会
〒102-0073　東京都千代田区九段北 1-8-1 九段101ビル 6F
電話（03）3230-1603　FAX（03）3239-3157
http://www.apefdapf.org

発売所　（株）駿河台出版社
〒101-0062　東京都千代田区神田駿河台 3-7
振替口座　00190-3-56669番
電話（03）3291-1676（代）　FAX（03）3291-1675
http://www.e-surugadai.com
ISBN978-4-411-90268-9　C0085　¥2100E

落丁・乱丁・不良本はお取り替えいたします。
当協会に直接お申し出ください。
(許可なしにアイデアを使用し、または転載、複製することを禁じます)

©公益財団法人　フランス語教育振興協会
Printed in Japan

1er
dim. 19 juin

2ème
dim. 17 juillet

2016

DIPLÔME D'APTITUDE
PRATIQUE AU FRANÇAIS

実用フランス語技能検定試験

春季	1次試験	6月19日(日)	申込開始	4月1日(金)	
	2次試験	7月17日(日)	締切 郵送	5月18日(水)*	消印有効
			インターネット	5月25日(水)	
秋季	1次試験	11月20日(日)	申込開始	9月1日(木)	
	2次試験	2017年 1月22日(日)	締切 郵送	10月19日(水)*	消印有効
			インターネット	10月26日(水)	

APEF

公益財団法人 フランス語教育振興協会 仏検事務局
TEL：03-3230-1603　E-mail：dapf@apefdapf.org
〒102-0073 東京都千代田区九段北1-8-1 九段101ビル

www.apefdapf.org